禮貌，你做對了嗎？

禮賓司長教你最正規的

國際禮儀八堂課

首任女性禮賓司長

朱玉鳳 著

e t i q u e t t e

目　錄

7 國際禮儀生活化……174

8 文化社交相互尊重，才能享受觀賞之樂……226

後記　做個受人敬重的地球村公民……263

自序

我1/3世紀的地球村禮儀遊歷

我相信人生是各種緣的匯集，緣起緣滅，無法預知，但我們珍惜善緣，感恩善人。《禮貌，你做對了嗎？》能夠出版，首先要感謝〈巴爾幹周刊〉總編輯張桂越女士，承她不棄，支持我克己復禮的理念，協助洽詢出版。我們或許知道禮儀的重要性，卻未能將之融入我們的日常生活，以致發生很多怪事、錯事卻不自知。今日地球村的世界，交通工具發達，使得時空縮短，各國人士往來的機會大增；不懂禮，小則出醜鬧笑話，大則丟臉失國格，相信大家都不願失乎禮。

事實上，古今中外的人士莫不以禮規範自身，英國大文豪丁尼生（Lord Alfread Tennyson）曾說過：「愈是偉大之人，愈是有禮（The greater person is one of courtesy）。」孔夫子曾對兒子伯魚說：「不學禮，無以立。」乃因禮者，理也；知禮才能明理。日常起居生活、職場工作中，只有合乎節度的言行舉止，才能從容應對進退；彬彬有禮，誠敬待人，發乎情止乎禮，卓然自立。理明則個人、家庭、社會均有所依循，大家厭惡的亂象不起，快樂與幸福的指數就會上升。然而我們的認知與實況似乎背道而馳，目前的社會講求傑出知識，創新技能；卻甚少意識到可能因欠缺「禮」，而讓前述兩項白費心機，淪為短視的霸道與投機取巧，並無助長遠的效益與成長。狹義而言，因禮的欠缺，可能產生誤會或不快，甚至積久成仇。我們看到許多貪婪的企業與個人，高樓起又塌，企業的倫理難道不是廣義的「理」和「禮」嗎？

禮儀注重知與行，能知能行，貴乎進退合宜的態度。首先要了解「何謂知禮」，之後應立即去實踐，就是「行」的功夫，能如此力行則近乎禮。

坊間已有許多國際禮儀相關書籍，但多類似教科書，甚少有經驗傳述。筆者以三十餘年在外交領域上的作為，分享在地球村的經驗。外交職場上所知、所見、所行與禮儀有關者不勝枚舉，基於經驗傳承，「禮」念傳達，筆者閉門翻閱舊有資料，腦海翻騰三分之一世紀以來的種種過往，以及三大洋五大洲的足跡所至，凡與禮相關的經歷，盡搜羅於本書中；費時近一整年撰述，盼得以供有興趣者或有需要者閱讀參考，而非著墨於純理論的說教。

國內的禮儀叢書大都濫觴於外交官的編撰，尤以筆者已故的老長官歐陽璜大使所編著的《國際禮儀》，至今仍為大家使用；該書乃筆者於一九八〇年代在外交部禮賓司工作時，受囑撰寫初稿而成。然時代變遷，國際禮儀的實際運用須符合現代趨勢，尤以在職場女性的人數大增，已非早年的純家庭主婦而言，生活類型與職場生態有了很大的變化；因此雖然已有許多人士就禮儀方面著書立說，但筆者的外交生涯在國內外居住時間各半，曾任駐美國堪薩斯市辦事處的處長、駐聖文森國大使館大使、駐希臘代表處代表；並忝為我國首任的女性禮賓司長，在二十一世紀初曾辦理無數次的大型活動，接待各國來訪元首與貴賓，陪同高層出訪，舉辦高峰會或國際會議等；也在公餘接受各界邀約，講授國際禮儀；希望筆者的經驗能見證禮儀在職場、社交、旅遊等的實踐，而使禮儀貼近我們的生活起居，而非教條式的說理，並以照片與插圖輔以說明，言簡意賅，可加深印象。

本書依日常生活作息與社交場合、職場環境，分食、衣、住、行、育、樂各篇，並加入地球村人際關係甚受重視的介紹與溝通之禮，融合禮儀慣例與筆者經驗，深入淺出，對於初次使用者，可援用於實際狀況；對於曾接觸相關事務者，在遺忘或疑竇之時亦能翻閱獲益，可視為禮儀的參考書。此外，讀者得以隨筆者神遊四海，以擴大視野；筆者期望寓禮於遊，引領讀者探索寰宇禮儀，以增廣見聞。古籍《禮記》深奧難懂，本書《禮貌，你做對了嗎？》當屬輕鬆易讀，唯最重要者乃於閱後心有所得，並身體力行。

謹以本書紀念已在天上的慈母楊秋花女士，筆者報效公職未克承歡膝下盡孝，樹欲靜而風不止，子欲養而親不在；望天下子女守禮盡孝，不生遺憾。

第1章

辦一場圓滿的餐宴

做一個好主人，從邀請、排位子、備菜餚、列酒單、迎賓、暢談，直到結束送客，都要合乎理才能賓至如歸。參加社交活動，吃態是別人觀察我們的指標，合宜的態度與禮儀才能成為受歡迎的客人。無論主客都要認真、誠心以對，才能為自己的事業及人脈累積實力。

你做對了嗎？

請客時，只要打電話詢問對方是否出席就好了？

〇正式的餐宴應該要寫邀請函，並註明清楚主賓的名字、宴會性質、出席的時間、宜穿著的服裝、賓客確認參加的電話。

為了表示親近，安排主賓坐在主人旁邊，比較好說話？

〇主人的坐位在最靠近房間的入口，主賓則應該坐在主人對面。

宴請外國友人吃飯，把在地特色的美食都端上桌就對了？

〇不同的文化，美食可能是完全不同的意涵，要尊重他國的飲食習慣及宗教禁忌食物。

酒逢知己千杯少，何況有朋自遠方來，熱情乾杯才盡興？

〇西方社交禮儀，慢酌細嚥的品嘗，才是紳士名媛之道。

一坐下來，就先把餐巾打開圍在胸前？

〇要等女主人打開象徵開始用餐的餐巾，其他人才隨之展開餐巾。餐巾是放在大腿上，不要圍在脖子或披在胸前。

吃的禮儀

我年幼時父執輩打招呼都以「呷飽沒？」彼此問候，可見「吃」在人一生中是多麼重要的事情。現今電視節目，無論中外，美食當道；烹調達人在電視上說的頭頭是道，料理一道道令人垂涎的美食，總是吸引大批觀眾。其實吃的好也要表現優雅，否則囫圇吞棗式的吃法令人難過，旁觀者也不忍卒睹。因此強調吃的內容好，也要注意吃的禮儀，尤其參加社交活動，「吃態」更是別人觀察我們個性的指標。

古人對吃講求衛生，因為古早時期，並沒有完善保存食物的設備，因此食物衛生也內化為吃的規矩，和禮儀並重。〈論語・鄉黨篇〉第八章：「色惡不食，臭、惡不食。不正不食，不多食。」由此看孔子對吃的說法，是相當符合科學與衛生的。他重視「食不語，寢不言」，而這「食不語」恰是我們現代人不注意，而讓西方人極驚訝失乎禮的行為。孔子之意不是吃飯不能說話，否則吃飯如何聯誼？其意為**口中有食物時不宜說話**，避免將食物噴到別人，而且吃飯時也不應太激動說話，以免胃酸停止分泌，有礙健康。

吃飯自古即是重要的社交活動，西方王室宮庭每每利用餐宴來發表訊息；中國古代帝王更利用餐宴來進行政治目的，像項羽的「鴻門宴」、宋太祖的「杯酒釋兵權」都是著名的故事。現代人吃飯的社交功能更廣：喬事情、交朋友、搏感情、積人脈等。由此可知參加餐宴的重要性，尤其職場新鮮人更要認清楚，即使是聯誼性質的餐敘，無論主、客都要認真、誠心以對，才能為自己的事業及人脈累積實力。飯局是進入職場前必修的功課，相關的事項，舉凡如何做個好主人、如何準備好的飯局，以及如何做個受歡迎的客人，其中的進退應對禮儀、席中的話題，在在都值得我們探討。尤其如果客人有禮儀不周之時，主人要設法避免尷尬場面。中國前外長李肇星先生在他出版的《說不盡的外交》一書中，提到曾任法國禮賓司長的梅里美告訴過他一則關於「吃」的趣聞：非洲的中非帝國布卡薩國王訪問法國，接受法國總統國宴時，上來一道名菜法國蝸牛，食用時要用叉子將取出肉來。布卡薩國王卻拿起蝸牛一口咬下，只差牙沒斷。但有禮的法國總統為了不使貴客難堪，也抓起蝸牛咬一下再吐出；所有賓客也效法一番，於是賓主皆歡，繼續暢談。吃畢蝸牛，服務人員送上一小碗淨手水，布卡薩國王不察，當成茶水喝下肚；法國總統使個眼色，所有人也把淨手水給喝了。

主賓或陪賓都要表現合宜的態度與禮儀，才能成為受歡迎的客人，否則類似布卡薩國王，雖然當場未受到難堪，卻也成為禮儀的負面教材，我們還是慎行為妙。這是家庭與學校甚少提及，辦公室裡卻見真章的重要經驗學，學過的人終生受用，未學之人卻是永難了解的職場軟性競爭力。

現代吃的禮儀主要以西餐的規矩說起，乃因十九世紀以來，西方列強國力發達，東方國家與之往來，羨慕船堅炮利，也興起「西學」，連西方的飲食習慣也在學習之列，相關的西餐禮儀因而受到重視。

但近代東西方因交流頻繁，有相互學習之勢。平實而論，東方用筷子的方法難學，但禮儀較簡易；西方拿刀叉容易，但禮儀繁複。西餐烹調較簡，但強調衛生；中式菜肴偏重色香味俱全，卻是大家同時取食，如果不用公筷母匙，衛生欠佳。此外，西方國家已發展一套行使多年之吃的禮儀，我們取其長處，致有「中菜西吃」的方式，也就是現今套餐的由來。但這僅是形式，真正禮儀與內涵需要深入了解與學習，我們不僅要吃的享受，也要熟悉禮儀，才能相得益彰。

我的外交生涯大宴小酌無數，但仍難以和我的老長官歐陽璜大使相比；他曾向許多人表示，他在擔任駐舊金山辦事處處長任內，曾統計一年三百六十五天有一千多次「飯局」的紀錄。我在一九七八年進外交部時，就被分發到禮賓司工作，持續七年餘才派到國外工作；此後因輪派工作而進進出出國門，於二〇〇六年回國擔任禮賓司司長，期間雖然職務有變動，但我的禮賓司業務是有增無減，而辦理宴會一直是最基本的工作，所以我自己的外交生涯，辦過的、看過的與參加過的各種大大小小的宴會也不少。

「禮賓司」顧名思義，最基本的業務是辦理接待外賓和辦理各種宴會。禮賓司的交際科有許多舉辦重要宴會的專家，我們有一套SOP（Standard Operation Procedure）標準作業程序；外賓來來往往，有時會安排在部內的宴會廳餐敘。外賓與官員會談後，方便就近在部內的宴會廳吃飯，亦使外賓感覺受到重視。因此部內的宴會廳雖然稱不上華麗，但附有前廳可做飲用飯前酒或陪客到達時，相互寒暄的場所，十分方便。等到主人陪同外賓入內，再介紹在前廳的賓客給外賓，上桌前大家都先熟絡了，主人再邀客人一同進入宴客廳。

我曾做過承辦人、做過陪客、也做過主人；在部裡坐過十二人的圓桌，二十人的長桌，也坐過三十餘人的大圓桌。三十多人的巨大圓桌十分罕見，對面賓客相距太遠，說話不方便，因此只能舉杯遙祝彼此，目視含笑，十分有趣。

一般宴會本身，籌備宴會的主人要比純粹做客人複雜的多。為了做好賓至如歸，主人要準備的事項非常多，成功的宴會出自事前與幕後的規劃執行，因此分數章詳細說明，以期大家深入了解。「用心」做事本身就是敬人，也是禮的表現，賓客從中體認主人的有禮、創意和努力的付出。若要當個受歡迎的客人，行為舉止更宜有節有度；如此，主人用心待客以敬，客人會心表現以禮，席上交談溫馨熱絡，賓主盡歡，達到圓滿的餐宴聯誼，而主、客心中期待的事項，更容易在和樂氣氛下實現心想事成的成果。

賓至如歸第一部曲：邀約

一般朋友聚會較為隨性，但是正式的宴會，例如婚宴、公司裡的年會宴席、與外國客戶的正式晚宴等等，就要留意許多的禮儀細節。主人依據想邀請的對象擬賓客名單，**首要確認誰是主賓；陪賓的層級則不可高於主賓**，否則機伶的主賓會如坐針氈，宴會就不能暢快了。陪賓也要避免邀請有嫌隙的雙方一起參加，因為彼此的芥蒂可能產生言語不投機，而影響宴會的氣氛。

⊙擬邀請函

主人的誠意邀請最重要，而正式的餐宴從送請帖開始。通常主人與主賓會先敲定宴會的時間，尤其是婚宴，更宜早些讓貴賓保留時間；而且至遲兩星期前就要送

主賓名字

Invitation

In honor of Mr. James Brown of ABC Enterprise,
The President of XYZ Association, Mr. Eric Hsu
Requests the pleasure of your company
at a dinner
On Thursday, December 19, 2013
at 6:30 p.m.
at Banquet Hall, Elise Hotel
（288，Sec 4，Jen-Ai Road,Taipei）
R.S.V.P.　　　　　　　　Business Suit
（02）2345678

主人名字

恭請台端蒞臨參加（是制式用法）

說明宴會性

表達日期（注意西式用法先寫星期、再月、日、年）

表達時間（切記如是中午12時，英文用p.m. 而非a.m.）

賓客確認參加的聯絡電話

宜穿著的服裝（Business Suit對男士而言是指西裝，對女士而言則是套裝。）

外文請帖和中文請帖很大的差異在於，西式請帖中會標示主賓的名字。有些更正式的請帖，還會在第三列標示陪賓的名字。如果期待賓客回覆，就在左下角寫上R.S.V.P.（這是法文慣用語répondez s'il vous plaît, 請回覆之意）及電話號碼；如果希望賓客穿著整齊的服裝，也應列在右下角。

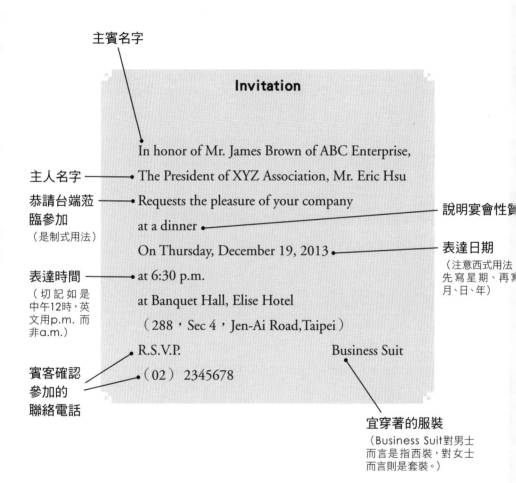

主賓名字

Invitation

In honor of Mr. and Mrs. James Brown

Mr. and Mrs. Eric Hsu

Request the pleasure of the company of

Mr. and Mrs. John Huang

at a dinner On Thursday, December 19, 2013

at 6:30 p.m.

at Banquet Hall, Elise Hotel

（288，Sec 4，Jen-Ai Road,Taipei）

R.S.V.P.

（02）2345678

Business Suit

婦具名邀請

恭請台端蒞臨參加（是制式用法）

說明宴會性質

表達日期（注意西式用法，先寫星期、再寫月、日、年）

表達時間（切記如是中午12時，英文用p.m. 而非a.m.）

賓客確認參加的聯絡電話

宜穿著的服裝（Business Suit對男士而言是指西裝，對女士而言則是套裝。）

外文請帖：夫婦具名邀請函。

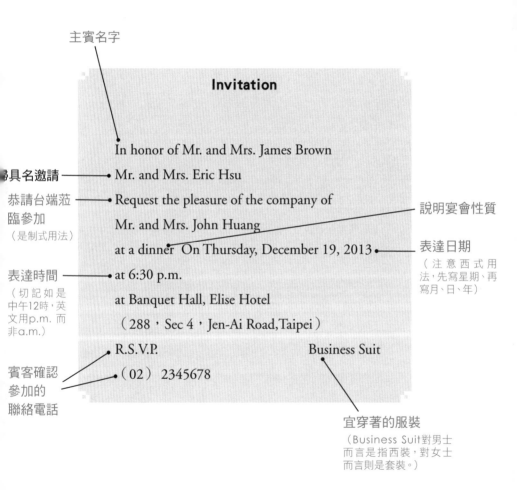

邀請函。因為太遲，可能陪賓已有其他邀約。細心的主人會在宴會前一星期，詢問賓客是否能來，而且前一天最好再確認一次。

外交部的宴會，通常會一起邀請外國賓客與本國人士，所以中外文請帖都要準備。我們常講國際化，自然也要會擬外文請帖；在許多外商公司或本國公司邀外國人士餐宴，多會送外文請帖。其實外文請帖與中文請帖一樣是制式化的，十分容易。對於從未擬外文邀請函的讀者，只要依循下列幾個步驟，就可以學會這知難行易的外文請帖了。（參看p17圖表）

如果主人是夫婦具名則稍有不同，最好夫婦稱謂（Mr. and Mrs.）都明白列出，格式如右頁圖表（p18）。

我在聖文森服務時經常宴客，因為這是最自然、最方便建立友誼的方式。但我交往的層面深且廣，政府官員及其眷屬、在野的政治領袖、電視媒體記者、NGO組織（Non-Governmental Organization，非政府組織）、地方士紳、商界人士等不勝枚舉；我在當地兩年餘辦的餐會也多到難以計算。洽談簡單事情，就請來大使館午餐款待；要進一步深談的，需營造氣氛，就到大使官邸晚宴，以示重視。這些我定位為工作性質的餐會，但也都請大使館的秘書發請帖。

聖文森當地的文具用品幾乎都靠進口，我多利用途經美國的時候到文具店，購買富藝術氣息的紙張與專屬信封；回到聖文森後就可以用印表機印精美的邀請函。據說甚受歡迎，有的人告訴我，他們很喜歡，做為收藏品。我聽了十分欣慰，果真是一分耕耘，一分收穫。我自己也留存了當地給我的各類邀請函，但一般都是白紙黑字 或白紙金字的印刷；我為了收集資訊而留，而不是因為精美悅目而藏。

美是能感動人的，我女兒結婚時，我正忙於辦理公務活動，只能抽空到美國主持她的婚禮而已。她也自立自強獨自手工製作請帖，精美動人，我誇她了不起。

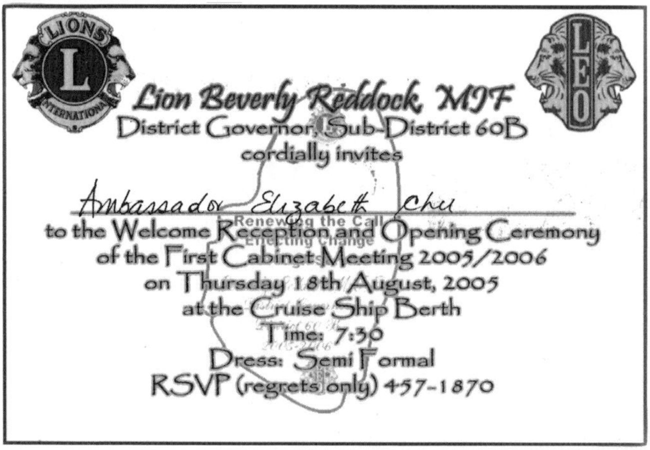
Lion Beverly Reddock, MJF
District Governor, Sub-District 60B
cordially invites
Ambassador Elizabeth Chu
to the Welcome Reception and Opening Ceremony
of the First Cabinet Meeting 2005/2006
on Thursday 18th August, 2005
at the Cruise Ship Berth
Time: 7:30
Dress: Semi Formal
RSVP (regrets only) 457-1870

聖文森國的請帖

中式請帖大都是固定格式，老一輩的人都慎重其事要送到印刷廠印製，再以毛筆書寫信封，顯得莊重。三十多年前我在禮賓司時，請帖也多是印製，但信封則由司裡的一位書法專家章先生負責書就。許多接到出自他筆墨的客人，頗為讚賞；相對之下，也對禮賓司的對外文件、請帖另眼相看。如今一律由印表機印出人名與地址，少了一項令人懷念的事物，方便取代了美感。或許每人想法不同，但真要令人印象深刻或「吸睛」，動腦與動手是不二法門。

席次魔法：主人、賓客怎麼坐

每次我和朋友聚餐，他們總會看看我，並問：「Hi，禮賓司長，我們怎麼坐？」我知道他們故意開玩笑，也回以：「隨意坐。」因為這是朋友間私人聚會，無需計較席次問題。但如果有長輩、主管在場，就不能隨意安排，以免失禮。業務、公務飯局要考慮職場倫理排序的問題，尤其外交場合更需注意座位與席次的安排，因為外賓多會注重席次尊卑位置，如果排錯了，那麼大費周章所安排的宴會，不僅無法達到聯誼的目的，還可能因此引發賓客不快，豈不失去餐敘之目的。

東方人（尤其中國人）喜歡代表圓融、圓滿、圓暢的圓桌；西方人則方桌、長桌、圓桌、馬蹄形桌都可；但是人數眾多時，多個圓桌是較佳的選擇。我在國內參加國宴、在美國參加州長就職慶祝晚宴，或各類的年會晚宴也都是多圓桌的場合。

如果人數在五、六十名左右，又希望主人、主賓、陪賓都能看得到彼此，馬蹄形桌是較符合座席的安排。例如我在聖文森服務時，我們的官員到訪，聖國的總督必然盛情接待，並在他的總督府宴客；馬蹄形桌是聖國總督府常用的座位圖形。

多圓桌的場面現在也運用廣泛，只要學會排單圓桌的席次，就會排多圓桌的席位；其實這只是技術問題，但若無人告知，也無法知悉其中奧妙處。其實不只是圓桌，其他的方桌、長方形桌都是相同的邏輯與排法；有如魔術，外行看熱鬧，內行看門道，甚是有趣。這些席次安排的原則與要訣，適用大多數的場地與桌形的宴會，讀者們只要依循本書所述演練幾次，就能熟悉這席次魔法。

◎原則與要訣

以下是我多年安排席次的經驗，分別以西式圓桌、方桌或長方桌的桌形，講述座位排法。

三大原則：1. 夫婦分坐；2. 男女分坐；3. 華人洋人分坐。

西方人參加社交宴會，男女主人是分開坐的，所以男女主賓、陪賓也都是分開坐。如果有外國人出席，則要錯開華人、洋人，如此右左鄰座華、洋間坐，彼此更有交談機會。

三大要訣：1. 主人先定位；2. 主賓定位；3. 陪賓依「尊右原則」排序入坐。

主人先定位：我們即使不了解如何安排席次，也應知道主人的位置，才不致於誤坐主人大位。以往我們對於坐到主人位置的朋友，就開玩笑說他們是準備要付帳的。通常**主人位置在最靠近房間的入口**，便於他起身迎送客人；如果是男女主人，則男主人坐在近房間的入口，**女主人則位於男主人的對面**。

主賓定位：主人席位定了之後，主賓坐在主人的對面。

陪賓的排序則依「尊右原則」。尊右原則在國際禮儀上是非常重要的，只要涉及尊卑排序，尊右是通用的準則；不僅在餐宴的座位安排、開會的席次、行進間的位置，都會用到尊右原則。主人及主賓定位之後，其他賓客依職務尊卑先列次序。陪賓1號坐在主人右邊，陪賓2號坐在主賓右邊，陪賓3號坐在主人左邊，陪賓4號坐在主賓左邊，其餘再依此原則交錯排序。（圖1-1、圖1-2、圖1-3）

因此**排位之前要先列名單順序**。我在講名單順序課時會提到三P，一般公務的餐會大都以職務（Position）為依據。私人宴會如婚宴、壽宴，除了有職務上的考量，還要考慮參加的長輩輩分，以及關係親疏的親朋好友（Personal Relationship）；因此這二P是大多數人排位時要斟酌與考量。而我的外交工作還需多一層顧慮，就是國宴時參加的部長們的排序；這雖一般人較不易遇到，但仍可多了解以增加國際觀。依據我們政府組織法，內政部長排在外交部長之前，但是在外交場合，外交部長須陪同外賓，其排序則在所有部長之前，所謂政情所需（Political Situation），就是第三P。

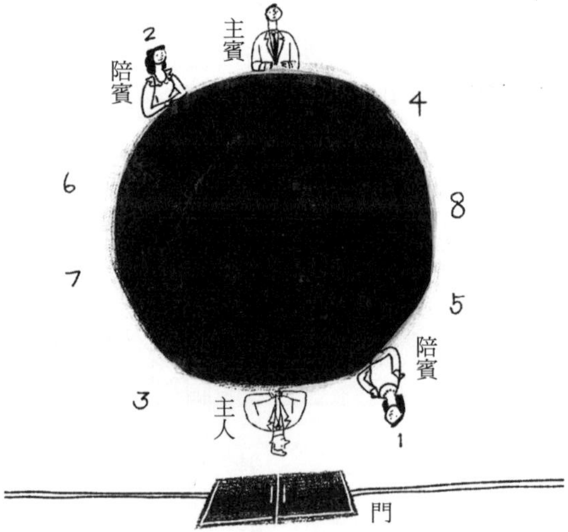

圖1-1 西式圓桌，主人位置在最靠近房間的入口，主賓坐在主人的對面。陪賓的排序則依「尊右原則」。

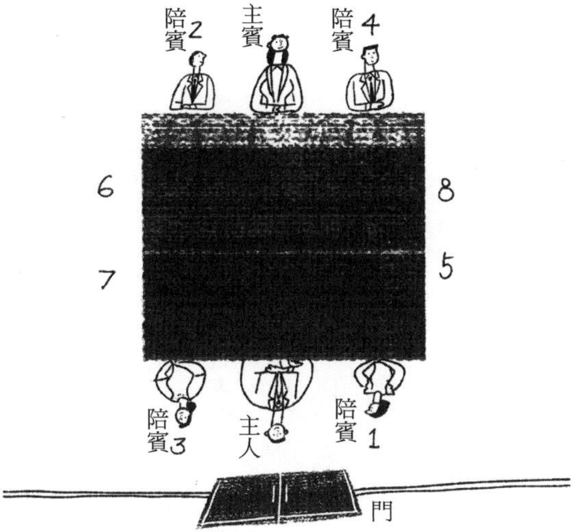

圖1-2 西式方桌

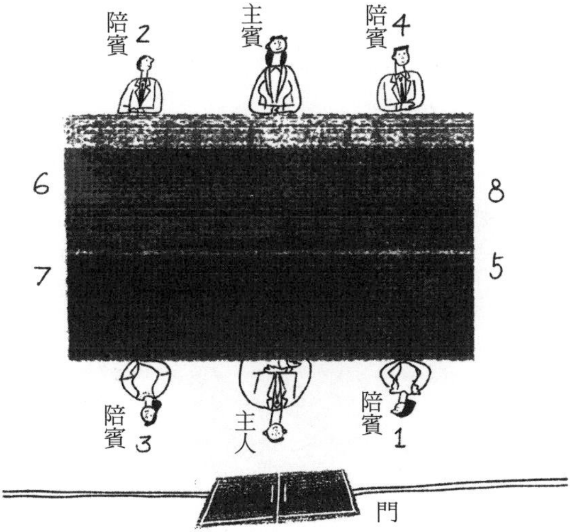

圖1-3 西式長方桌

多圓桌排法

了解一個圓桌形排法之後，要排多圓桌就容易了。最重要的先訂**主桌或第1桌**，而確定的關鍵則以**房間的最內部，靠近主牆、講臺、或舞台之處**。「尊右原則」在此廣泛用及。

例如只有兩桌，則以主牆、講臺或舞台為基準，**面對眾人時的右手邊**，排主桌或第1桌，其左手邊排副桌或第2桌。（圖1-4）

如果有三桌，則以靠近主牆、講臺或舞台中間為主桌或第1桌，其**面對眾人時右手邊排第2桌，其左手邊排第3桌**。（圖1-5）以此類推，接續加行列，則排數十桌，甚至百桌以上，簡單容易。

中式圓桌排位法

如果參加者中沒有外賓，西式或中式圓桌排位

多圓桌場面

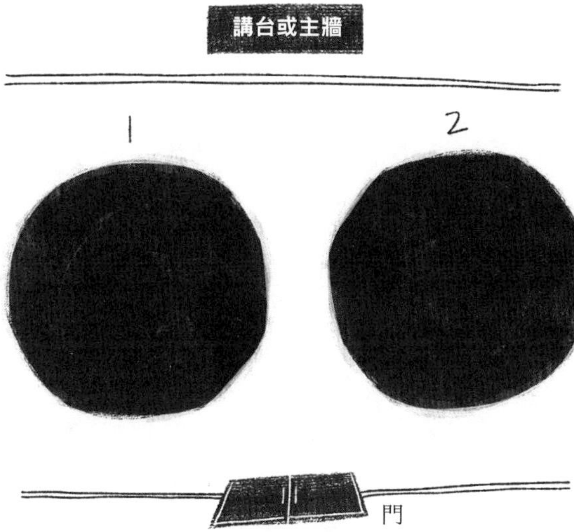

圖1-4 二圓桌排法，以主牆、講臺或舞台為基準，面對眾人時的右手邊為主桌。

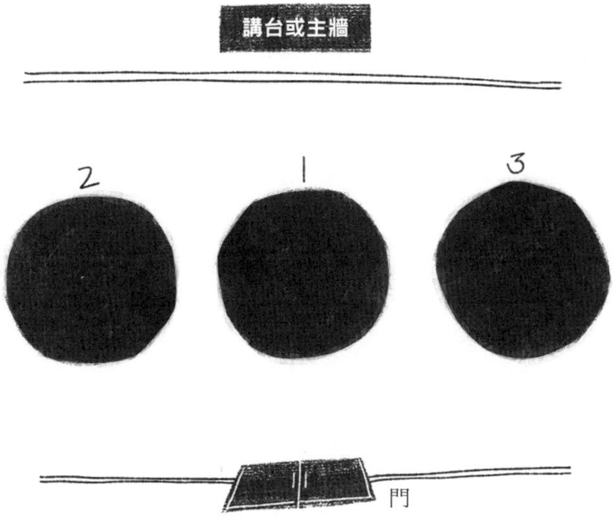

圖1-5 多圓桌排法，以靠近主牆、講臺或舞台中間為主桌，面對眾人時右手邊排第2桌，其左手邊排第3桌，以此類推。

法就客隨主便了；但也需了解中式圓桌排位法，才能左右逢源。中式圓桌排位法，主人位置仍然是最靠近房間的入口。如果是男女主人則夫婦坐一起，主賓或男女主賓也一起坐在主人或男女主人的對面。其餘陪賓或陪賓夫婦則依序自主賓或男女主賓的右邊、左邊，再次右邊、次左邊往下排。（圖1-6、圖1-7）

◎馬蹄形、E字形、與變體E字形的排法

我在聖文森服務時，曾參加過多次國宴，當地政府常用馬蹄形、E字形與變體E字形的座次排法。總督喜歡這種主賓、陪賓都能彼此看到的席次安排。如果不知悉這種座次安排，會覺得眼花撩亂。其實這種座次安排分為兩大部分，即長條主桌（Head Table）及接連的兩長桌（馬蹄形）、三條腿長桌（E字形）、或多條腿長桌（變體E字形）。

主桌是主人、主賓及重要陪賓的位置。其原則仍是主人先定位，再定主賓座次。與其他桌形不同的是，這些**馬蹄形、E字形與變體E字形的桌形，其長條主桌最中間的位置，是留給主人及主賓**。如果是男女主人及男女主賓，則中央四個位置是焦點所在，至於誰在正中央，就視主人或主賓誰的職位高就坐中央的位置。主人

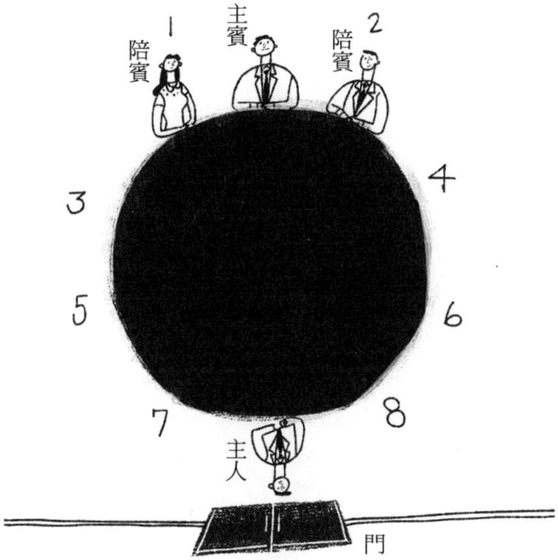

圖1-6 中式圓桌排位法，主人位置最靠近門口，主賓坐在主人的對面。

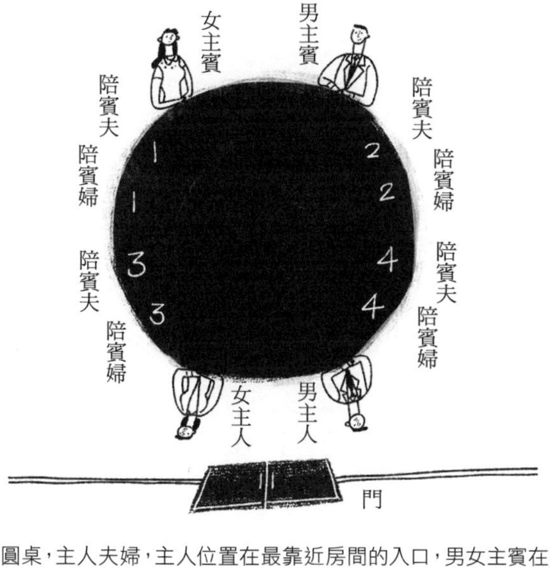

圖1-7 中式圓桌，主人夫婦，主人位置在最靠近房間的入口，男女主賓在男女主人的對面。

可依主觀想法，讓男女主賓坐中間，或間隔於男女主人之間，或由男主人與男主賓併肩而坐，兩位女士再分坐男士身旁。（圖1-8）

中央位置定位後做為一組標竿，其餘賓客席次就依「尊右原則」，陪賓1號在標竿的右邊，陪賓2號在標竿的左邊，再循序右、左，右、左排至長條主桌之尾。其下兩旁另接兩長桌的馬蹄形、或中間三長桌的E字形、或中間多條長桌的變體E字形。

其餘未排入主桌的賓客則列入兩旁兩長桌的馬蹄形座次，仍依「尊右原則」來排座次，**由裡而外，先右裡、再左裡**；然後右外、左外，再循序移下一列。（圖1-9）

如果賓客眾多就要安排中間三長桌的E字形，或中間多條長桌的變體E字形席次。仍是依「尊右原則」，但由中間開始，內部完全排畢，再排至外緣，一列排完再移下一列。（圖1-10）

看似繁複，但抓住原則，最難安排的桌次也能在掌指之

聖文森是大英國協成員，名義上仍有代表女王的總督，是聖國的虛位元首，主持典禮居多。我於二〇〇三年奉派擔任駐聖文森大使時，就是向總督呈遞到任國書。

圖1-8 長條主桌最中間的位置，是留給主人及主賓。

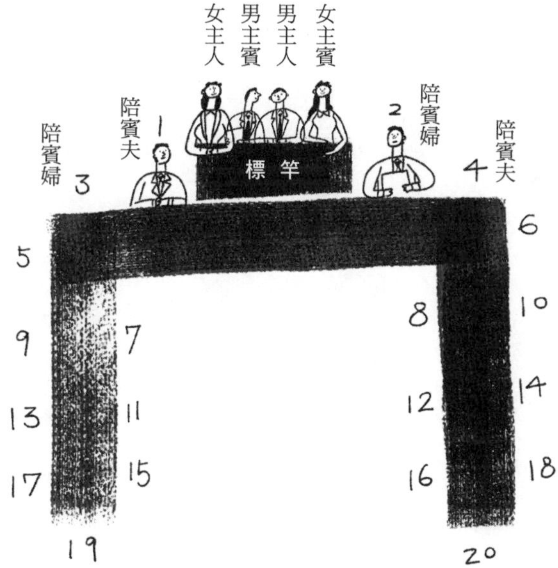

圖1-9 馬蹄形座次，男女主人及男女主賓視為標竿位置。陪賓1號在標竿的右邊，陪賓2號在標竿的左邊，依序排列。

間完成任務。耐心、細心是規劃宴會的不二法門，而禮儀就在這種細膩的恭敬精神裡表達無遺。

菜單的選擇與設計

美味宴席挑戰人們的味蕾，也考驗主人對美食的涵養。尤其今日的台灣美食當道，人們的味覺被養刁了，除了色香味傳統形容好吃的食物之外，還多了各種語彙：Q彈有勁、入口香凝等。在台

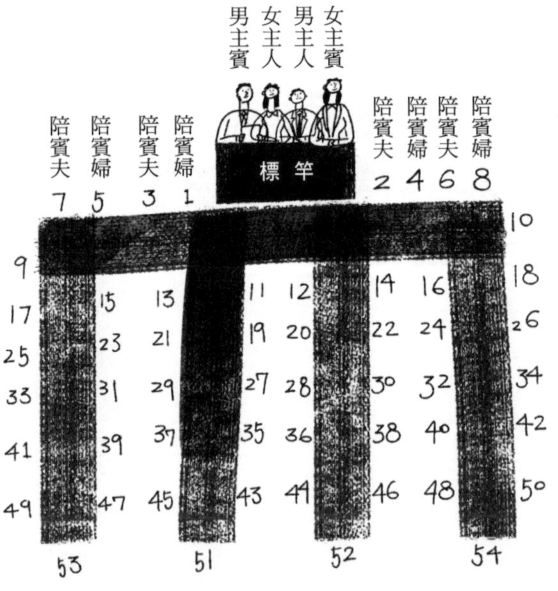

圖1-10 E字形或變體E字形席次，E字形由中間開始，內部完全排畢，再排至外緣，一列排完再移下一列。

灣，吃是一大享受，街頭巷尾餐館林立，各國道地美食都找得到，也是一大旅遊特色。但宴客不僅僅是提供美食，更重要的是聯誼、加強關係的社交活動。正式的餐宴是有如工作般的性質，主人全力以赴，精心準備，希望賓客們都有賓至如歸的感受。

我的外交生涯中，宴客是其中一項重要工作。尤其在擔任禮賓司長時，外賓們及長官們滿意的眼神是最令我們感到欣慰。我參加過許多次的國宴，後來朋友們問我有關國宴的菜色，我竟然毫無記憶，啞然失笑的回答，「就是美味的台菜。」朋友們懷疑的眼光讓我有遺憾之感，我居然忙碌到無視美食當前，竟至食不知味，真是有點辜負廚師的手藝。

不過我駐外時，自己當主人的機會多，比較能夠安排時間與菜色，留存的記憶反而較在國內工作時豐富且深刻。大多數宴客時，我會採用中菜，一方面我盼望外國人有正確的中菜概念，而不會受當地不中不西的速食小店面所影響。國外那些所謂的中式炒飯、炒麵實在令人不敢恭維。此外，吃中菜話題也多，很容易帶進台灣美食的內容，引申更多台灣的各行各業，飯局是置入性行銷的好方式。

我在舊金山服務時，華埠唐人街幾乎是廣東菜以及港式飲茶。從早到晚，都可去「飲茶」；以致我吃了數年之後，回到台灣就怕朋友邀去飲茶，實在是在美國吃怕了。不過我也懷念在美國中餐館特有的幸運餅（Fortune Cookie），這是一個彎角形的小煎餅，內藏幸運籤詩或警語，背面還有一組幸運號碼，很多人依此下注彩券，很有意思。

相較於美國人愛吃中菜，希臘人似乎並不熱衷中菜，不知是否當地沒有好的中餐館之故。我所知的是希臘人非常自豪他們的地中海餐飲，尤其以橄欖油為主的烹調，什麼食物都加橄欖油：麵包、燒烤、沙拉、湯頭、甜點等，讓初入這個有著悠久歷史國都的我大開眼界。後來我漸漸了解，希臘人喜歡原味的烤魚、炸魚，中式的紅燒或醬爆烹煮法，反讓他們吃不出原味，覺得過於「炒作」了。

在駐外宴客的經驗中，最大的挑戰是在聖文森之時，因為當地沒有可以宴客的中餐館，我赴任前曾為此事傷神，不得已之下，央求我的好友，住在丹佛市數十年的公筱珍女士，隨我上任一個月；幫我訓練當地人，從基本配菜、備料、烹調、擺盤等一系列的過程從頭教起。如果沒有她的幫助以及大使館的當地雇員Angela，她被我遊說成為我的大廚，我的工作績效一定大打折扣。等到公女士思鄉欲歸去時，Angela已能硬著頭皮上陣，開啟了大使官邸中餐廳的時代。所幸Angela聰明勤奮，剛開始時，她仍凡事問，我也無法給她太多的建議，要她自行去摸索準備，但是我總不忘了讚賞她的能幹。漸漸的，她能自己設計午餐、晚宴菜色，連我們館內同仁都佩服不已。我在聖文森之時，朝野賓客在我家川流不息，很快的，大家都知道聖國最好的中菜只有在大使官邸才吃得到，因此，我邀請的客人很少不出席。

我為了讓賓客有深刻印象，讓他們覺得好吃，齒頰留香之餘，也希望他們對中菜有些概念，所以我和公女士特別設計菜色，並賦予饒富趣味、深具意義的菜名，例如加勒比海人愛吃雞肉，菜單上就有一道Caribbean Fried Chicken（加勒比海炸雞）；我所住的地方叫Villa，於是設計一道Villa House Special（別莊招牌菜），每個人都好奇這倒底是何種菜色？其實就是鴿鬆。聖文森人愛吃炒飯，所以我的宴客餐必有一道Vincentian Fried Rice，是以我們在當地技術團推廣的鳳梨，加上海鮮或雞片的炒飯。

為了吸睛效果，我和大使館的秘書Karen還研究如何製作特別的菜單；我們希望有創意美感，因此摒棄傳統的硬板紙菜單，代以手工製成一份精美的菜單——半透明臘面紙罩著列印菜名的裝飾藝術彩

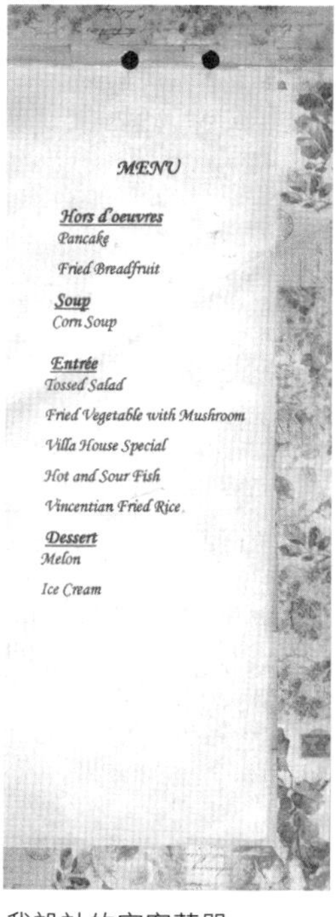

我設計的宴客菜單

紙，頂端再繫上小小蝴蝶結。每回晚宴，Karen就精心手工製作漂亮的菜單，放在客人位子上，很多聖文森友人還留為紀念呢。

◎尊重他國的飲食文化和習慣

提到美食，總令人垂涎，美食代表一地、一族的文化；但**不同的文化，美食可能是完全不同的意涵**；也許在我們認為是美食，但很可能是別人的怪食。例如我們喜歡的海參、海蜇皮就會嚇到外國人；華人愛吃的魚翅，近年因鯊魚銳減，被許多人批評殘酷不仁；華人習慣吃動物內臟、雞爪、鴨舌、豬耳朵等各種滷味，外國人也無法苟同；因此宴請外國人吃飯時，要特別留意這些文化差異。

此外一些宗教禁忌食物也要有所了解，例如回教徒不吃豬肉、印度教徒不吃牛肉、佛教徒不吃葷食，而且還有純素、奶蛋素之分、猶太教周五不食肉、東正教在復活節之前齋戒不吃肉。飲食禁忌還包括個人健康因素，例如有過敏、痛風、高血壓等，主人如果事先知情，能夠在菜單上斟酌調配，客人們都會感受主人這份誠意與貼心。外賓來訪就是我們的客人，因此做為主人，除了注意食物美味好吃，更要衛生安全。

我在聖文森服務時，曾聽說一位聖國官員眷屬隨同夫婿訪問台灣時，因食物過敏而昏倒的例子。其實在事前，陪同人員根據大使館報的資料，知道她對蝦子極端敏感，已經特別叮嚀飯店注意，可是她在使用自助餐時，仍出現身體不適的狀況，但是她並未食用任何蝦子；唯一的可能就是夾菜的餐具曾接觸了蝦子。

現代人患過敏的愈來愈多，主人在選擇菜單時也更困難了。不過，只要誠心準備，客人必然知情，俗謂凡走過必留痕跡，應用於此，也十分貼切。

酒單的選擇

喝酒似乎是東西方飲食共同的喜好，以酒助興，其樂融融。中國古詩有「酒逢知己千杯少」的名句，除了美食、好酒之外，最重要的還在於好友相聚歡敘。在西方社交禮儀，並不時興灌酒或豪邁乾杯，反倒是慢酌細嚥的品嚐才是紳士之道。主人在準備宴客時，除了精心安排美食，酒單亦不可少。

正式的宴會包括飯前酒、席上酒、甚至飯後酒。

◉飯前酒（Aperitif）

飯前酒顧名思義是飯前飲用，有的稱之為「開胃酒」。事實上社交場合的飯前酒有其功能，如果客人之間有不認識者，主人設法安排一位共同朋友，在飯前酒之時，先相互介紹，寒暄並熟悉一番，上桌時大家就能有較佳的默契，而不致顯得陌生。宴會中如有國內賓客及外賓參加，彼此可能是初次相見，通常我們都會安排飯前酒，讓參加的賓客先互相認識，彼此交談，熱絡氣氛。

一般做為飯前酒以雞尾酒最多，也有啤酒、果汁、可樂、汽水等。雞尾酒是以一些烈酒加入季節性水果、飲料調拌而成，最常見的五款基礎酒是：伏特加酒（Vodka）、琴酒（Gin）、萊姆酒（Ram）、龍舌蘭酒（Tequila）、白蘭地（Brandy）等。義大利人以琴酒調拌而成的馬丁尼（Martini）也是很好喝的飯前酒；此外威士忌（Whiskey）、琴東尼（Gin and Tonic）、雪萊酒（Sherry）都是經典的飯前酒。

我個人最喜歡的雞尾酒是，在中美洲國家的飯店普遍都有的鳳梨可樂達（Piña colada），是由萊姆酒為基底調拌椰奶、鳳梨汁而成，杯上還綴有一枝小雨傘插著鳳梨角、櫻桃，真是好看又美味。

賓客人手一杯飯前酒，聊天寒暄，等到主人敦請上桌時，就將杯子交給侍者，或放在桌上，隨著主人步入宴會廳。

◎席上酒（Table Wine）

在宴席上所飲用的酒以葡萄酒居多，又有紅、白酒之分。其實葡萄酒本身學問大，要成為專家不容易，但是知道基本的知識，也夠與同桌人士聊天，增加趣味。

◎飯後酒（Liqueur）

在西方社會有喝飯後酒的習俗。

席上酒

飯前酒的種類多樣化

凡超過含酒精成分15度以上的烈酒均應在飯後喝，才不會傷身。飯後酒的種類主要是：白蘭地（Brandy）和一些利口酒（liqueur），如波特酒（Port）、薄荷酒等。利口酒指的是烈性酒，製作時加入糖漿做為甜味劑，因此利口酒都是甜酒。

飯後酒的酒精含量高，因此有些要加水稀釋，例如威士忌或其他濃烈酒類，先以冰塊、冰水、礦泉水或蘇打水稀釋至不超過15度的酒精成分才可以飲用。但飲用白蘭地，最好不加水分稀釋以保持香醇原味，小口酌飲，但在每品酌一小口之前，應先喝一口冰水或礦泉水，間接稀釋之。

飲用白蘭地時，用的是矮跟酒杯，握杯姿勢是**將杯桿夾在中指和無名指間，用手掌托住杯身的握杯**。手掌溫度傳至杯內，使酒更具溫潤口感。

古今中外，人們均認為佳餚須佐以美酒，但因考量健康因素，故有開胃的飯前

飯後酒

酒、餐中的席上酒及餐後的飯後酒分別，我們須了解其中不同處，才是合乎禮的喝酒文化。

◎葡萄酒學問大

很多人都認為紅酒就是葡萄酒，其實葡萄酒種類繁多，分為不起泡葡萄酒及氣泡葡萄酒兩大類。紅、白酒是屬於不起泡葡萄酒。氣泡葡萄酒則以香檳為代表。白酒只將葡萄的汁液發酵，培養期通常在一年內，口味清爽，單寧含量低，帶水果香味及果酸味。紅酒則是將葡萄的果皮、果肉、種子等與果汁一起發酵，並培養一年以上。口味較白酒濃郁，多含單寧而帶澀味，因發酵程度較高，通常不甜但酒性比白酒穩定，保存期可達數十年，兩者的酒精含量約8％～13％。

葡萄品種：我們常在酒瓶的標籤上看到Shiraz、Cabernet、Sauvignon、Merlot等字，這些是指葡萄的品種，用來釀製紅酒。有些紅酒是由單一種葡萄釀製，有些是由二～三種葡萄釀製，釀出來的紅酒口味也不同，視各人喜好而選擇。

有些標籤上有DRY（乾）的字樣是表示這種酒含糖量低，沒有甜味，更能表現葡萄的果香、發酵時產生的酒香和陳釀留下的醇香。

最合適的飲用溫度：我們常聽到某款酒最適合「在室溫下飲用」，到底室溫是指多少度呢？其實室溫通常是指原產地的溫度，以法國葡萄酒而言，室溫通常是指攝氏十六至十八度左右。

主人依當天菜色準備白酒或紅酒。白酒須冰鎮，搭配魚類、海鮮；紅酒則是室溫，搭配紅肉主食。

品酒：對於懂酒的客人，主人會出示好酒讓賓客品酒。好的葡萄酒於色、香、味的品項都有其特色。我曾經看過幾位懂酒的長官，他們品酒的步驟大致是先搖晃酒杯，再將杯子傾斜45度，觀察酒的顏色，繼聞酒香，最後才以杯觸嘴品嚐之。

酒色：白酒在它年輕時是無色的，但隨著陳年時間的增長，顏色會逐漸由淺黃到成熟的麥桿色、金黃色。如果變成金銅色則表示已經存放太久，不適合飲用了。紅酒的顏色則隨著時間而逐漸變淡，年輕時是深紅帶紫，然後會漸漸轉為正紅或櫻桃紅，再轉為磚紅色，最後呈紅褐色。

酒香：看過顏色就要聞其味了，將酒輕輕搖晃，鼻子探入杯中深吸至少二秒，可重複此動作。以分辨酒香是強、弱、有無果味、其他味道。

酒味：最後小酌一口，並以半漱口的方式，讓酒在嘴中充分與空氣混合，以感覺酒的甜度、酸度、圓潤度、成熟度等。

年份與保存：紅葡萄酒並不是年份愈老就愈好。年份是表示當年葡萄酒質量的概念。紅酒也有新鮮型和陳釀型之分，新鮮型果香濃郁，陳釀型則酒香醇厚，最佳飲用期視不同的酒而不同，一般在二～十年之間。裝瓶超過十年的紅酒就不好喝了。最理想與長期的儲存環境是，溫度約在攝氏十二～十四度間，保持恆溫，濕度在65%～80%間，保持黑暗，也要保持乾淨，以免其他異味滲入酒內。

世界上最聞名的紅酒非法國莫屬，法國釀造最多種葡萄酒，也出產無數聞名於世的高級葡萄酒，其口味種類極富變化。我們在法國紅酒標籤上看到耳熟能詳的波爾多（Bordeaux）、布根地（Burgundy）、香檳（Champagne）以及阿爾薩斯（Alsace）、羅瓦河河谷（Loire Valley）、隆河谷地（Cotes du Phone）等字，代表的就是法國紅酒六大生產地，其中又以氣候溫和土壤富含鐵質的波爾多產地最為聞名。

我剛到希臘時認識一位希臘官員，他非常有紳士風度，知道我對希臘歷史所知有限，因此利用吃飯餐敘時光，告訴我許多古希臘歷史。有一次他邀我去雅典的餐廳吃飯，他問老板娘是否有好酒。她推荐剛來的波爾多紅酒，那是我嚐過最清新口味的葡萄酒了。雖然我們已失去聯絡，但那波爾多葡萄酒味與這位友人將永存在我記憶中。

◎飲酒的禮儀

倒酒：品酒師的基本功包括如何倒酒。以葡萄酒為例，最多將酒倒至杯中的三分之一處，即約在杯身直徑最大處，因為須要留足夠的空間，在搖晃酒杯時才不至使酒溢至外面；同時，有足夠的杯內空間，才能讓酒中逸出的香氣留存在杯裡。

握杯：參加宴會場合大多會遇到舉杯祝賀的時刻，此時正確的握杯，可展示我們懂得喝葡萄酒且表現優雅的禮儀；而且握杯姿勢不只是美觀，更重要是功用；因為對於葡萄酒而言，溫度是最重要的，為了避免將人體溫度傳導給葡萄酒，也避免手指印留在杯身，影響對酒的觀賞。

正確的姿勢是，**手指捏著杯身下的杯桿，或用拇指和食指捏著杯底**也是正確的握杯法。

紅酒握杯法，手指捏著杯桿，或用拇指和食指捏著杯底。

晃杯打轉：晃杯的目的是釋放酒的香氣，同時也給酒更充足的氧化時間。因此葡萄酒入杯後不要即刻飲下，晃杯使酒液自下而上，並順著杯轉動的方向打轉。這也是酒不能倒太多的原因之一。

敬酒：我在禮賓司多年最怕同桌敬酒，有一年辦完國慶後的慶功宴上，男士們舉杯猛喊「乾杯」，彷彿口渴喝水般，咕嚕入喉，令在場的女士，無不花容失色，紛紛找「代打」出征，吃飯形同打仗，也是台灣特色。

西方人對酒極珍愛，所以看到我們乾杯牛飲時，他們全傻住

酒逢知己，西方人在敬酒時，將杯子高舉齊眼，注視對方，最少要喝一口酒以示敬意。有時則會說「Cheers！」。

了。雖說國際禮儀也講求入境隨俗，他們來台灣感受我們身為主人的好客大方，偶爾也應主人而乾一杯，但是他們古怪的表情卻是五味雜陳，其中一味大概就是浪費或暴殄天物吧。

◎酒的故事

主人如果多具備有關酒的知識與典故，那麼席上必然不會冷場；尤其酒的來源典故多，很容易引起話題。很多歷史學家都認為波斯可能是世界上最早釀造葡萄酒的國家。傳說有一位波斯國王愛吃葡萄，怕別人偷吃，他將葡萄壓緊保藏在一個大陶罐裡，上面還標示「有毒」字樣。有一天一個妃子厭倦生活，擅自飲用了這個標明「有毒」的液體（其實就是葡萄釀成的飲料），她覺得滋味非常美好，不但沒結束自己的生命，還異常興奮。於是她盛了一杯呈送給國王，國王也十分驚訝這美味飲品。後來國王便下令，將成熟的葡萄放進容器內壓緊，進行發酵，產製葡萄酒。

葡萄酒釀造的方法從波斯、埃及傳到希臘、羅馬、法國至整個歐洲。後來中東國家因回教信仰禁喝酒，釀酒技術幾乎絕跡。反而是信奉基督教的歐洲人，將葡萄酒成為生命中不可缺少的飲料酒，因為基督教徒視麵包和葡萄酒為上帝的肉和血。

歐洲國家葡萄酒的產量占世界葡萄酒總產量的百分之八十以上，歐洲同時也是當今世界上人均消費葡萄酒最多的地區。

希臘是歐洲文明的搖籃，希臘神話中記載酒神狄俄尼索斯（Dionysus）護祐著希臘的農業，當葡萄收成時，他教農民們釀酒，是古希臘農民最喜歡的神明之一，每年都會以酒神祭祀來紀念他。現在希臘首都雅典的衛城（Acropolis），仍可看到在西元前三四〇年建成、可以容納三千多名觀眾的酒神劇場（狄俄倪索斯劇場）。

古希臘人歡慶祭酒神，唱歌、跳舞。在祭祀中，有合唱隊表演「酒神頌」，而且人們在酒神祭典中也有狂歡的行為，例如：披山羊皮、唱山羊歌、喝葡萄酒、擊奏樂器、跳扭扭舞等等，漸漸有了戲劇的雛型。一般認為古希臘悲劇起源於酒神祭。不過可別誤會慶豐收時怎會演「悲劇」？原來古希臘人對於悲劇的概念和現代人不同，悲劇不在於悲，而是模仿嚴肅和高尚的行為。

希臘盛產白葡萄酒，我住希臘時中午在餐廳請客，如果只是一、兩位客人，我會詢問他們要喝什麼飲料？通常他們會很高興的向餐廳點一杯白酒。因為大家下午仍要回去上班，不會開一整瓶酒。我的印象中，希臘人很少點紅酒，或許他們認為希臘白酒品質較佳的緣故吧。

促進食慾的美麗餐具

西餐與中餐最大相異處在於進食的用具。中餐可能吃上十道菜，但餐具相對簡單，就是碗、筷及湯匙，有時直接以小碗盛湯，連湯匙也省了。西餐的菜色或許不多，但滿桌精美的杯盤、刀、叉，著實令人為之目眩，大大地襯托了盤中美食。

西餐如有所謂的色、香、味，其中的「色」，我認為是來自美麗的餐具。我外調美國服務那幾年，發現美國百貨公司必有好幾家餐具專賣店，即使是家庭廚房用品店，也是那些精美的餐盤最吸引人注意。而且美國人似乎特別喜歡買餐盤，我在當地住久了，也受到影響，買了好幾套，回國時，用不了那麼多，送給朋友。反觀在台灣，茶具店可能多過餐具店。

西餐禮儀與西餐餐具息息相關，尤其高級西餐更講究餐具，相對的，用餐的人也須懂禮，才能匹配。正式西餐大都有一個美麗的、裝飾用的大底盤（Charger Plate），這個吸睛的大盤有點類似餐墊的作用，其上放置湯碗、餐盤等；因食物並不直接放在Charger Plate，所以它可以是任何材質做成的，常看到金、銀、玻璃、塑膠、瓷器等閃閃發亮的大底盤。在客人到達前就必須擺好這些餐具，尤其是精美的大底盤，讓上桌的客人先來個視覺享受。

◎西餐餐具的擺放

在美國人的家庭，小孩從小就得學習如何擺餐具（set up table），媽媽教導他們，並從旁協助，小朋友很快就能學會**最基本的餐具放置位子：右手邊放刀，左手邊放叉，水杯在右前方，麵包碟在左方**。

刀叉位置：正式餐會就複雜多了，刀與叉須**依上菜次序由外向內**擺放，如果第一道是湯，那麼湯匙要放在大底盤外側最右邊，其次向內放餐刀。吃魚排的餐刀又不同於牛排刀，

西餐餐具基本排法，右手邊放刀，左手邊放叉，水杯在右前方，麵包碟在左方。酒杯在餐刀的上方。

都要依上菜的次序排好；且刀緣利刃須向著大底盤。叉子則對應餐刀，排在大底盤的左邊。

杯子位置：一個水杯、數個酒杯在餐刀的上方，不同的酒使用不一樣的酒杯；白酒杯、紅酒杯、香檳杯等，視主人準備的酒而擺放。水杯放最上緣，其次是白酒杯、紅酒杯等。

麵包盤與甜點叉匙位置：麵包盤放在大底盤的左上緣，小餐刀橫亙麵包盤上。甜點叉匙放在大底盤的正上方；攪拌咖啡、糖與奶精的小匙在上，匙圓面向左方；吃甜點的小叉在下，叉尖向右方。

餐巾：美麗的餐巾在滿是杯盤刀叉的桌上，頗有畫龍點精之妙，餐巾也是餐具的一部分；在台灣許多餐廳為了省事，大多只用紙巾，但高級餐廳是不用紙巾的；台灣於時尚或環保而言，使用紙巾與否都值得再思考。有些餐巾是捲在雅緻的巾環裡，有些則摺成三角形矗立。我曾在哥斯大黎加的一家雨林餐廳，看見他們將餐巾摺成孔雀樣子，令人印象深刻。

如果主人是在家中宴客，**女主人要先打開餐巾，象徵開始用餐**，賓客才隨著女主人的動作展開餐巾。

用餐中，暫時離開的刀叉放置法，表示仍未吃完。

用完餐，請侍者取走餐盤的刀叉放置。

◎西餐上菜的次序

西餐是一道一道依序上菜，賓客吃完一道，侍者收走盤子，再送下一道菜。

開胃菜：通常最先端上桌的是開胃菜。可別認為開胃菜僅是正餐前的微量食物，有一次，我到約旦出差，合作夥伴帶我們到當地餐廳，滿桌的菜肴，大家吃的津津有味，正覺得飽足時，侍者仍不斷地送菜上桌。原來剛剛那些都是開胃小菜，我們的正餐還在廚房，尚未上桌。此後，我對於到阿拉伯餐廳都特別有戒心，以免吃開胃小菜就已吃飽了。

湯或沙拉：西餐第二道端上桌的通常是湯或沙拉。而傳統中菜最後一道才是湯。我在聖文森服務時，在大使官邸宴客則選擇入境隨俗。第一道菜通常是沙拉或開胃菜，接著是當地人愛吃的酸辣湯。

中菜喝湯用湯碗，西餐則用湯盤，因此一定要備湯匙。日本料理的湯都是將碗端起來喝，不必用匙；西餐的湯盤重，以湯匙就口食用。

主餐：用完湯之後才是主菜，因為主餐盤子很大，通常上主餐前，侍者會收走大底盤。西餐是各自有主菜，即使每人點相同的菜肴，仍然是各有自己的餐盤。在美國家庭，則是將裝菜肴的大碗或大盤輪流遞給每個人，各自舀盛自己要食用的量之後，續傳給鄰座。

日本料理亦是各有各的主餐。有一年我奉派到日本大阪，參加APEC中小企業部長會議，有一天的正式晚宴是日本懷石料理，食物是否美味我已不記得了，但是每人桌上滿滿精美小餐具，讓人印象深刻。

我們駐外通常採用中菜西吃的方式，一方面我們都配備來自台灣的紅木餐桌，好多道菜放在小轉盤上，公叉母匙放在菜盤旁，大家轉著圓盤拿取自己要的菜色。聖文森人對這種轉盤甚覺有趣，大家興緻高昂，也平添不少有關Lazy Susan（英文轉盤之意）的話題。

甜點：西餐主菜吃完，通常都有甜點、咖啡或茶，否則不算完整的晚餐。吃甜點時，桌上是要乾淨俐落的，周到的餐廳侍者會來將桌面清理乾淨，然後端上甜點及咖啡。駐外多年，我養成了飯後吃甜點的習慣，其實並不符合健康飲食的原則。但是甜點、咖啡時間卻是賓主放鬆閒聊之際，也是友誼最佳催化的時刻，沒有人吃完主餐就先離席的。

我在大學教國際禮儀時，特別要求開設一堂擺餐具的實習課程，同學們每人都要親手擺餐具，果真練習後，大家覺得有趣也顯得有自信了；又再一次驗證了知難但行易的實功夫。

餐會中的話題

俗話說「話不投機半句多」，在餐會中，話不投機更是大禁忌。尤其是公事飯局，更要留心話題。我在希臘服務時曾邀了一團賽普勒斯友人到台灣訪問，他們回到歐洲，和我再碰面時，告知在台灣的所見所聞，很是興奮。但提到和我的同事餐敘時，十分憤慨，我嚇了一跳，追問原因。原來這位同事在餐敘時輕忽賽國人親希臘的情愫，隨意評論希臘與馬其頓的關係，讓與希臘有兄弟之邦的賽普勒斯人氣呼呼。雖是該位同事無心之過，卻永久烙在我的友人心中，難以磨滅。

成功的飯局具備許多元素，好客人及好話題有圓滿加分的效用。因此主人在洽邀客人時，就須先有識人功夫，尤其對於政治立場不同的友人，更要慎重，以免雙方言語不合，爭論起來。

我至今仍難以忘懷當年在美國堪薩斯城服務時，國內來了高官，要我安排與僑界會面。我建議安排兩個場次，這位官員以在當地停留時間短為由，只能一次會畢。我硬著頭皮安排各界代表參加，果然會中彼此理念不同者先是言語不合，竟至互相拍桌怒罵；真是慘痛記憶。

一般的宴會，最基本是聯誼的功效，但也可以是知識交換的好時機。主人要先做好功課，了解客人之間是否有共同性？能否迸出化學效應？每個人個性不同，有些能言善道，可以當主講人；有些人沉靜寡言，可以做聽眾；有些人善於穿針引線，可以幫腔敲邊鼓。主人盡量讓客人暢所欲言，適時於冷場時，提引話題加溫，使每位賓客都有相談甚歡的感覺。有時候，大家分享的太高興了，一頓飯不知不覺吃了三、四個鐘點，主人雖累猶榮。

主人邀客，最好是男賓、女士併邀，因有女士在場，話題就不至於都是陽剛主題；而且男性之間若起衝突，女士們還可居中調和；因此歐美人士較少整桌都是男士賓客。相反的，回教國家依習俗則男女分桌。所以到中東國家，就要特別注意不可男女同行、同桌的當地禮俗。

其次，無論主人或客人都應了解什麼主題會是好話

在希臘，「馬其頓」是極其敏感的字眼，因為在希臘只要提到Macedonia（馬其頓），必然指希臘國境內，北希臘亞歷山大大帝的故鄉馬其頓。希臘稱鄰國的馬其頓共和國為FYROM：是Former Yugoslav Republic of Macedonia（前南斯拉夫馬其頓共和國）的簡稱。

題？什麼對話或問題是禁忌？才能避開「話不投機半句多」的地雷。

◉禁忌話題

不談政治，不談宗教，不談隱私。

政治話題永遠存在煙硝味，民主時代，親如父母、手足、子女都可能因政治立場不同而致爭論，何況朋友，或初認識的友人，盡量不在餐桌上談這些會產生爭執的話題。

台灣比較沒有宗教紛爭，但在國外，宗教之爭是自古以來未曾中斷的現象，尤其二十世紀以降，因宗教問題產生很多令人不解的狀況。在國外還要注意別談論可能引起「宗教歧視」的話語字句，以免惹禍上身。

至於隱私，範圍頗廣，例如是否已婚、有無異性蜜友等，閱讀中共前外長李肇星先生所寫的《說不盡的外交》一書，其中他回憶在肯亞大使館當秘書時教館內同仁英文，所發生的令人尷尬不已的趣事。原來那位同仁學了兩句：「Are you married?（你結婚了嗎）」；以及「Do you have children?（你有小孩嗎）」。有一次這位同仁在宴會上詢問旁邊的女士：「Are you married?」對方回說「No.」誰知這位同仁又補了一句：「Do you have children?」可以想像這位女士的不快。這位可愛的同仁又問另一旁的某女士：「Do you have children?」這位女士說「Yes.」然後他又補問一句「Are you married?」如果要問這些私人問題，可得小心啊。

另外健康狀況、薪資收入等也都涉及隱私，不是合宜的話題。有些人則喜道人長短，亦令聽者不快；有些人則露骨發洩對主管或公司不滿的情緒，這些都是得罪人的話題，損人又不利己，儘量不要碰觸。

◎好話題

天氣、運動、食物、美酒或共同經驗，如育兒等，都是好主題。

聊天氣是最保險的話題。二〇一三年國慶日當天馬總統與王金平院長聊的就是天氣，尤其現在氣候暖化的話題，廣受人們重視，永遠是最佳的話題。在美國風靡的籃球、棒球、歐洲的足球等賽事，這些年也都在台灣大受歡迎，因此在飯桌上談運動，尤其有深度的分享，也很能引起共鳴。食物的話題也有著許多趣味，台灣美食經過電視節目、各類達人的推波助瀾，是餐會中的好話題。

美酒助興之餘，主人更可以帶動大家聊好酒，賓客中如有酒類達人或專家分享知識，將使話題更為精彩。有小孩的女士們大都會聊起育兒經驗，但有時過於誇獎自己子女而不自知，可能會令聽者不耐煩；主人則需留意在場未生育的女賓或有未婚女性賓客的感受，適時轉移話題。

在飯局中交換而來的名片，是人脈建立的資源。有人認為飯局結束後，人脈經營才開始，其實在飯局中了解賓客的專業、性情，建立人脈檔，久而久之，屬於自己的人脈存摺自然形成，後續經營則須另番功夫。但不可否認，飯局是累積好人脈的敲門磚，尊重主人，真誠參與，享受交友，重視談吐，不僅在飯局中留下令人難忘的印象，也間接推銷己身長處，這才是社交的高手。

迎賓與送客

好朋友間的聚餐，如在餐廳舉行，主人或主辦人一定要先到，再次確認場地、菜單，同時也等待大家來臨。餐畢大家互道再見之後一起離開，沒有「送客」的問題。但是正式餐會就有禮儀的規範了。在歐美國家，主人如果願意在家中宴客，表示對客人的禮遇、榮寵。知禮的客人會準備小禮物赴宴，很重要的是客人千萬別早到，準時或晚到三、兩分鐘才是合乎禮的，因為女主人可能還在為準備餐點的最後一刻而奮鬥。

通常主人會在門口迎賓，再一同進入客廳寒暄，以等待其他客人。其間主人會來回地迎接陸續到達的賓客。如果自己不是主賓，最好別太晚到，以免讓主人及主賓等待。

在外交場合，禮儀要做到細緻，讓賓客感受到重視；尤其層級愈高的國賓，在接待細項中還要列明，在特定場合由哪個層級的官員迎賓。例如，外國元首來台灣總統府參加午宴，外交部長或次長就須在總統府的大門迎賓，總統則在會客室的門外迎賓，然後一同入內。

同理，大企業也應以禮來迎接VIP，尤其公關人員要在門口迎賓，主人或公司高層則迎於餐廳廂房門外；如果來賓是非常重要的主賓，主人或公司高層甚至須到大門口等待。雖然現代人較忽略這些細節，但如果來賓知道個中禮儀者，會倍感受重視。禮儀所要表達的也是尊敬人的態度與誠意。將心比心，如果我們自己覺得受到禮遇，是否很受用？相對也會看重對方。在細微的地方顯示知禮而行，絕對能為雙方的關係加分。

在戒備森嚴的大樓宴客，須要有人陪同賓客上樓，或事先安排妥善，而不是任由賓客等待大樓守衛員通報主人確認才放行。我在禮賓司長任內，曾接受韓國駐台代表邀宴。那位韓國大使住在信義區的一棟豪宅大樓裡，在我們到達前，他們已和警衛室說明將有哪些貴賓會來，因此我到達時，當司機向大樓守衛通報完我的名字、職銜，我就通行無阻的上樓了。

我在聖文森服務時，如果宴請一般客人，我會請同事們到門口迎接賓客到客廳；如果是宴請次長、部長層級以上的官員，我會親自到門口迎賓；如果是總理、總督蒞臨，在他們的車輛到達之前，我更是早早下樓等待了。這些都是我的經驗分享，因為細緻的禮儀很難定律，感覺與感受更無法用言語規範，而學習與經驗是不二法門。

主人迎賓令人歡迎，但送客時，主人就完全是被動的，豈有主人下逐客令呢？當大家酒足飯飽，閒談盡興之後，主賓就要代表所有的賓客，感謝主人豐餚美酒及讚美相聚一起的好賓客，並表示該告辭了。主人要等到主賓起身後，才可以附和起身，其餘賓客看到主賓站起來，也應跟著起身。要注意的是，主賓未表示時，其餘陪賓不宜興辭。如真有要事，則應先表歉意，並徵求主人同意後才離開。

在家中宴客，主人送客到門口，如果賓客有司機，則主賓司機應早些將車開至門口，其他賓客座車則陸續隨後等待。

在外面餐館宴客，主人可送客至廂房外，或看主人與賓客的交情直送至餐館外。禮多人不怪，若能顧及這些細微但很重要的迎賓與送客禮儀，必能贏得更多人的讚賞。

受歡迎的客人

參加社交活動，尤其如果是餐會活動，當來賓或客人，這可比當主人要容易多了；雖然如此，做個受歡迎的客人仍有許多我們該知道的禮儀。

受歡迎的客人表現在他們知禮、合禮的行為舉止，尤其西餐用的是刀叉，食具不同，禮儀亦不一樣。我列了以下數項最需注意的禮儀，也是不知者常犯的毛病，略為敘述，希望大家都能成為受歡迎的客人。

準時：正式的餐宴是有請帖的，上面會註明餐宴的時間與地點。如果接到西式請帖，還要注意是否須回覆，或查看請帖上是否有R.S.V.P.，這是表示須儘早告知是否參加。一旦確定了就要赴約，不宜臨時取消；如果真有重大事情，務須致歉，並通知無法前往。這是當客人的基本禮貌。

我舉一個國情習慣的例子，有一位希臘女學生暑假要到台灣當志工，她特地到在希臘的辦公室看我，我大致向她介紹台灣的風土民情。她離開之前特別問有無需要注意的地方，我看她問的輕鬆，不免嚴肅的說，台灣人會把她當客人看待，但是無論如何一定要守時。她兩眼圓睜，不可置信的模樣；於是我再補一句話，如果她遲到，別人不見得會等她的。我在希臘吃足等待的苦頭，這個文明古國講人情，卻不重效率，雖然並非人人不守時，但是守時絕非他們所看重的。

合宜的服裝：依請帖所列的服裝穿著赴宴是必要的。西式請帖必定有建議或規定服裝的指示。中文請帖則少見，但外交部經常宴請外賓，所以其中文請帖也會列出席的服裝要求。我在禮賓司長任內參加過多次國宴，每次們同仁總要準備幾件西裝外套，以防隨意穿著的魯莽賓客出現。

紳士風度：餐會上男女賓客交錯而坐，男士們可展現風度，起身為右鄰的女士拉出椅子，讓女士坐好後再坐下。

正確的使用餐巾：在餐廳常會看到有人用餐巾或紙巾來回擦拭餐具，似乎是擔心餐具不夠乾淨，這在高級餐廳是不雅行為，到別人家做客更是禁忌。**餐巾展開後是放在大腿上**，而不是圍在脖子上、夾在襯衫扣子上、或塞進腰帶間。此外，餐巾也不宜用來擦汗、抹鼻涕，這漂亮的餐巾是用來微擦嘴角的食物而已。

確認自己的餐具：乍看這似乎是可笑的提醒，但是確有人被滿桌的杯、盤迷惑了。尤其人多的長形桌，西餐的餐具擺法是杯子、盤子緊湊地擺一起，**右前方是自己的水杯、酒杯；左前方是自己的麵包盤碟**。如果不小心或對餐具擺放沒概念的人很容易會拿錯了別人的麵包，或喝了別人的酒，吃了別人的菜，可能還不自知。

這是確有其事的，前述中非的布卡薩國王在法國國宴中吃得高興，話聊得開心，一不留神就把鄰座法國總統的菜吃了。法國總統該怎麼辦？他使眼色，所有的人跟著也把身體偏一邊，於是每人都吃別人的菜了。

保持大底盤潔：大底盤在各人正前方，是沙拉盤、湯杯、主菜盤的底座，精美裝飾用，要保持清潔美觀，切莫將不潔之物或吐出的骨頭、果皮等放置在大底盤。

遞調味品：講究禮儀的人在飯局餐宴上常用的三句話：對不起（Excuse me）、請（Would you please）、謝謝（Thank you）。例如想要取用別人面前的鹽或胡椒粉，決不要悶不吭聲就飛象過河似地伸手至鄰座前取拿。此時這三句話就派上用場了。「Excuse me, would you please pass the salt（pepper）to me?（對不起，請把鹽（胡椒）傳給我，好嗎？）」別人遞給我們之後，也別忘了說聲謝謝。

控制吃聲：在電視上常看到日本人吃拉麵發出呼嚕聲，似乎自得其樂的樣子，但這是日本文化，在西餐禮儀上必須避免。而且喝湯時是以湯匙優雅的送入口，而不是口去觸湯碗喝湯。

即切即食：主餐若是肉類、魚排，宜左手持叉，叉住肉片，右手持餐刀，依自己一口的大小切之，然後放入口中。不要整片肉都切成小塊後，再一片片地食用。

食不語：幾千年前孔子就教我們「食不語」，這個合乎吃的禮儀，就是口中有食物時別說話，以免口中食物噴出來。如果我們問題說出口後，才發現對方仍在吃東西時，要適時表達歉意；對方會等到食物下嚥之後，才會回答。這是雙方均應知道之禮。

暫時離席：進餐中，若要去化妝室，應將刀叉分別橫跨如「八」字型於餐盤上，表示仍未吃完。如果要侍者取走餐盤，則將刀叉合併放置一起，斜擺於餐盤內。

不勉強乾杯：吃西餐飲紅酒是歐美人士的享受，他們習慣各自品嚐，不勸酒。來到台灣或許會入境隨俗，在第一回時附和乾杯，其後，我們應了解並尊重賓客的習慣，而不要強人所難一定要他們乾杯，以免破壞了用餐氣氛。

小匙的功用：侍者送來甜點與咖啡時，桌前的小叉子是用來吃甜點；小湯匙則是攪拌咖啡與糖、奶精，而不是用來喝咖啡的。喝咖啡時，小湯匙應放在杯座上，飲用時只要端起咖啡杯。

應避免的不雅習慣：很多人習慣在餐桌剔牙縫，這是應避免的動作；真有需要，應離席至化妝室處理。女士們也不宜在餐桌上補妝或擦口紅。歐美女士都是到化妝室整理容裝，通常高級餐館的女士化妝室佈置高雅，沙發或休息椅讓女士們放輕鬆的打理容裝。因此有時我們看到房門上英文寫的是Powder Room（補妝室）而不是一般的Restroom.

上述所列，其實都是我們容易做到的，只要身體力行已知的種種禮儀，就能成為一個受歡迎的客人。

第2章

合宜的服裝
贏得良好第一印象

「佛要金裝，人要衣裝」，人們打量對方，多以外表做先入為主的印象。衣服雖然是外表並不是內涵，但是衣著表達形象，懂得穿衣力很容易贏得良好的第一印象。在各種場合，適當的穿著是對人對己的尊重。

你做對了嗎？

男士只要準備一套西裝，所有正式場合都穿著它，就對了？

○西裝嚴格說來是非正式服裝；正式的服裝是大禮服，小晚禮服則是半正式服裝。歐美人士在正式場合會清楚註記「正式服裝」，這時一定要穿正式服裝（Dress code）赴會。

晚上要參加宴會，白天就穿著小禮服去公司，方便下班直接去會場？

○有金屬亮片珠子或較曝露的衣著都不適宜白天穿，白天的社交活動以中短裙為宜。純社交應酬可穿亮麗洋裝，職務應酬則以樸素套裝為主；合宜適切的穿著絕對會為妳的魅力加分。

西裝不是正式服裝？

我被任命為位於加勒比海的聖文森國大使時，知道那是個很炎熱的地區，因此備了很多夏季的服裝。果不其然，真是個熱到不行的國家；一年當中最舒服的季節是冬天，因為白天溫度可以降到攝氏二十六度，晚上更佳，可降到二十三度。可惜好景不常，舒服的溫度維持不到三個月，然後又是悶熱的熱帶天氣了。

記憶中，我在聖文森的日子，都是穿著透氣的短袖服裝；但是聖文森的官員，尤其是男士們可就辛苦了；因為聖文森曾是英國屬地，因此跟著母國的制度，必須穿西裝打領帶才合乎禮。即使是日正當中的大熱天，且是室外的活動，例如開幕、破土、農產示範等活動，官員們無不穿著西裝亮相。只見他們揮汗如雨，西裝透溼了一大半，有時活動的時間過久，西裝溼了又乾，乾了又溼，真是其情可憫。在正式場合，Dress code（服裝規定）是西裝，雖然熱氣籠罩，但如果不如此穿，可就失禮了。

反觀我們在亞熱帶的台灣，似乎沒那麼在意這種穿衣禮節。我自聖文森回國後擔任禮賓司司長，時常陪外賓拜訪國內各單位。有一年行政院規定公務人員不必穿西裝上班，這在國內是容易執行的，畢竟台灣夏天悶熱難耐，有此規定，大家樂意遵守。但是對於我們禮賓人員可就不好辦了；為了禮儀，我們到機場接機，男士們還是必須西裝上身直到當日行程完畢。

我還記得我陪同外賓拜會行政院時，外賓是西裝革履，主人反而短袖襯衫迎客；而且為了節省能源，冷氣開的小，我們吃足苦頭。後來經過我們反應，結果是冷氣開的大些，但主人依然故我。因此我每次事前都要向外賓解釋，這是政府的節能措施，無關乎「禮」。真是東西文化兩樣情。

「西服」顧名思義就是源自西方的服裝；正式服裝是大禮服，又稱燕尾服（White Tie）、早禮服（Morning Coat）；一般稱的小晚禮服（Black Tie, Tuxedo）則是半正式服裝（Semi-formal）。

西裝（Business Suit）嚴格說來是非正式服裝（Informal），因為在以前的正式典禮都必須穿上禮服，在日常聚會或辦公時穿的是普通衣著。時至今日，大禮服反而是樂團指揮、演唱家甚或是魔術師表演時的穿著。早禮服更似乎只在王室或歐洲貴族之間尚存的衣著；直到日本安倍首相率閣員宣誓時，全體閣員一律著早禮服出現，我才恍然原來日本西化以來，政府官員仍然一直維持穿著早禮服宣誓就職的傳統。

西裝雖名為非正式服裝，卻必須同一塊布料剪裁，且同時穿著上裝與長褲，不能任意搭穿。早年禮賓司發出的請帖上，如果服裝欄寫的是「便服」，老前輩會告訴我們這**便服指的是西裝，而不是一般認知的休閒裝**；此乃沿襲英式「非正式服裝」的說法。但還是有很多人把「便服」與「休閒服」混淆了，因此請帖只好不用便服，逕註以「西裝」，簡單明瞭。

歐美人士在正式場合，會清楚註記Formal Attire（正式服裝），這時就一定要穿著Dress code赴會，否則極為失禮；因為不必等別人糾正，自己就受不了別人訝異的眼光，恨不得學鴕鳥挖地，把頭埋下去。

我在講授禮儀課程時，常會以一張經典照片舉例，那是二〇〇七年英國伊麗莎白女王訪美，與小布希總統在白宮國宴時的合照。全世界的人都說小布希總統是來自德州的牛仔，眼神中總有那麼一絲調皮搗蛋愛促狹的慧黠；但是女王來訪，在國宴的正式場合，他也必須規矩的穿上燕尾服，和第一夫人羅拉的長禮服甚是匹配；伊麗莎白女王更是戴上鑽石王冠盛裝與會。

其實我們祖先在上古時代就非常講究穿的禮儀。孔子曾稱讚大禹在平時穿著樸素，但禮祭時必著高尚禮服，且戴堂皇的禮帽，以表誠敬；這段話就記錄在《論語・泰伯篇第二十一章》：「禹，惡衣服，而致美乎黻冕。」

現代人最正式的場合大概是婚禮了，不論英國查爾斯王子與黛安娜王妃的世紀婚禮，或威廉王子與凱蒂王妃的大婚禮，一般庶民大眾也極重視婚禮場合。有些新郎會租小晚禮服，搭配美嬌娘的白紗禮服；但更多的時候，新郎會穿正式西裝出

The Governor-General of St. Vincent and the Grenadines
His Excellency Sir Frederick Ballantyne G.C.M.G.
and Lady Ballantyne
request the pleasure of the company of
Her Excellency Ambassador Elizabeth Chu
at a Dinner
in honour of the visit of
His Excellency Dr. Tan Sun Chen
Minister of Foreign Affairs, Republic of China (Taiwan)
on Wednesday 18th May, 2005
at Government House, Montrose
at 7:00 p.m.

Dress: Black Tie
R.S.V.P. Private Secretary 456-1401

西式晚宴請帖

男士小晚禮服

場，賓客們也都穿戴最好的衣服赴盛會。我女兒和女婿就特別從美國回台灣拍婚紗照片，照片上他穿小晚禮服，和日常穿休閒服的樣子截然不同，宛若風度翩翩少年郎，令我也刮目相看，果真人是需要衣裝打扮。

美國禮俗不像歐洲那麼的嚴謹，小晚禮服已是非常正式的服裝，尤其在眾多的募款餐會中，小晚禮服幾乎是男士們的制服。我在美國堪薩斯市辦事處服務時，曾應當地僑胞之邀，參加在科羅拉多州的首府丹佛市的募款晚宴，晚宴現場座無虛席，我們這桌黑頭髮黃皮膚，十分顯眼。僑胞男士們多穿著小晚禮服，迥異平日的打扮，更顯氣宇軒昂；不過更重要的是帥氣外衣裡所包裹的那顆愛心。

除了小晚禮服之外，西裝也是美國正式場合的普遍服裝，儼然已成主流社會的制式穿著。在日常各種聚會場合，放眼望去，男士們穿西裝的多，女士們則爭奇鬥豔，變換各種時髦服飾，自是無足為奇。我喜歡賞鳥，看多了鳥類世界的衣羽：雄鳥大多數有光彩艷麗的羽毛，以吸引雌性注意；雌鳥則是一身灰樸無華的外衣，避免敵人追逐；這和女性打扮光鮮亮麗吸引男士大異其趣。

我們一般人都以為男士西裝簡單無奇，樣式似乎大同小異；事實上男士西裝雖不似女士衣服華麗多變化，卻仍有其嚴謹要求，且絲毫不馬虎；好的西裝能襯托男士們的高雅氣質，反之則顯得粗俗不堪，男士們添購西裝不可不慎。

正式或半正式禮服

型式	上裝	長褲	領結或領帶	襯衫	鞋與襪
大禮服，又稱燕尾服（Swallow Tail or Tail Coat or White Tie），**晚間最正式場合的穿著，如國宴、婚禮。**	上裝前擺齊腰剪平，後擺裁成燕子尾形，故稱燕尾服。白色織花棉布背心	褲腳不捲摺，褲管左右外緣車縫處有黑緞帶。	白領結	白色硬胸式或百葉式襯衫，硬領而折角。	黑色皮鞋、黑色絲襪
早禮服（Morning Coat），**日間的禮服，如呈遞國書、婚喪典禮、訪問拜會。**	上裝長度與膝齊，黑色或灰色。上裝為灰色，則配黑色背心。上裝為黑色，則配灰色背心。	深灰色柳條褲	黑白相間斜紋或銀灰色領帶	白色軟胸式或普通軟領襯衫	黑色皮鞋、黑色絲襪
小晚禮服、半正式禮服（Tuxedo，Smoking，Black Tie，Dinner Jacket，Dinner Suit or Dinner Coat），**晚間集會最常穿的禮服。**	上裝通常為黑色，左右兩襟為黑緞。夏季則多採用白色，是為白色小晚禮服。	褲子均黑色，左右褲管車縫飾以黑色緞帶。	黑色領結	白色硬胸式或百葉式襯衫	黑色皮鞋、黑色絲襪

我體會此節，為幫助國際禮儀班的男學生們了解如何打造出色的外觀，我總是諄諄相告，髮型很重要，但非我專長，希望他們務必注意；此外，衣著非常重要，不是只有名牌才是好衣服，剪裁合身、顏色合適的西裝需搭配顏色和諧的襯衫及領帶，而且鞋、襪都須相配才合宜。

剪裁：最須考量合宜的剪裁。早年台灣有很多西裝師傅，中山北路上的西裝店櫛比鱗次，男士們都到西裝店訂製，這種量身訂製的西裝英文叫Bespoke Suits。曾幾何時，大批成衣西裝襲來，西裝店快速凋零，現在已成了鳳毛麟角，很不容易找了。物以稀為貴，現在訂製西裝非常昂貴，所以退而求其次，到專櫃買可以再修改的類似半成品的西裝，英文叫Made-to-measure, 也是丈量身材後，再將這些

西裝上衣的三大樣式

樣式（Style）	肩形	後擺
英式（English Style）	無肩墊、長型高腰身	兩邊開叉（Double or Side-vented）
義大利式或歐陸式（Italian, or Continental Style）	高而方的肩形、衣長較短	無開叉（Ventless）
美式（American Sack Suit）	自然肩形、直腰身	中間開叉（Center Vent）

半現成的衣服裁製成合身西裝。現代的裁縫師都會詢問客人喜好，選擇最合適的款式，為客人量身製作合宜的西裝。另外，最常見的是成衣西裝（Ready to wear or Off-the-rack Suits），唯一的好處是便宜，運氣好可以買到合身的，但大多數不是太緊就是太鬆，只能湊合應急。

西裝看似剪裁簡單，卻各有依循，尤其是西裝上衣，裁剪方式各有出處；最常見的有英式（English Style）、義式或歐陸式（Italian or Continental Style）、或美式（American Sack Suit），它們最大的差異就在衣服後擺的開叉。我通常建議初出社會的朋友至少要做一套好西裝，以應對各種正式場合。

顏色：許多男士買第一套西裝時，總是猶疑不知該買什麼顏色？通常深色系列較適宜各種場合；黑色代表莊嚴，在保守、專業、權威的行業，如政界、法界、金融界很受歡迎，而深藍色（Navy Blue）西裝也廣受男士們喜愛，棕色在一九八〇年之前不被認為是公務界或商界的主流顏色，因此多數用於較休閒的獵裝或外套。我建議年輕男士選擇深灰色（Charcoal Gray），因為看起來比較年輕有朝氣。

上述都是單一色系，我們也常看到條紋、小方格或波浪紋的西裝，這些通常屬於較不正式的西裝料子，唯一例外的是，細條紋小間隔的深色布料，英文叫Pinstripe，尤其是深藍色細條紋（Navy Pinstripe）西裝更列為非常正式的西裝，廣受歐美商界人士愛好。

配件：西裝的配件，例如鈕扣以及搭穿的襯衫、領帶，如果不注意或不了解真正穿法，會影響整體觀感，所謂魔鬼藏在細節裡。

西裝的左上口袋：很多人在西裝的左上口袋插筆或放小物品，其實這個口袋只能放一樣東西，那就是男士手帕或小方巾（Pocket square）。這是源自早期方便男士們洗手後可直接自上衣拉出手帕擦乾，無需溼手放進口袋拿手帕。不過演變至今已成純裝飾用途了。在百貨公司仍有賣高級男士手帕或小方巾的專櫃，的確在帥氣的深色西裝上方，露出一小截方巾綴飾，更顯雅尚。

長褲：相較西裝上衣有如此繁複細節，長褲就簡約多了。有些長褲在褲腳邊緣有個上翻摺，這對瘦高修長男士可增添帥氣感，但對於較圓胖的男士會更顯矮了一截。長褲最大的功用是承上啟下：讓目光焦點落在美麗的上衣與皮鞋上，它本身不該成為焦點所在。

皮鞋與襪子：千萬別穿黑皮鞋配白襪子，這是我進禮賓司就先接收的黑白震撼。我們不都是穿黑皮鞋白襪子長大的嗎？但在西方禮儀而言，**襪子的顏色應與皮鞋一致**，否則是無法登大雅之堂的。

當年葉公超前部長辭世時，我們禮賓司小科員奉命去殯儀館協助弔祭事務。在葉部長靈堂旁邊，也有別人的公祭儀式正在舉行。我好奇看了一下堂外一字排開的壯丁，他們個個黑西裝白襯衫，足登黑鞋，但是顯眼的白襪赫然在目。我不能確定他們是否道上的兄弟，但這麼突兀的穿著卻印在我腦海至今。

休閒服

其實休閒服是不在服裝討論之列，但是地球暖化，各國都設法因應減碳，降低溫室效應，因此越來越多人穿著休閒服，西裝開始有趨減之勢。但我們一定要了解歐美對**休閒服（Casual）的定義，絕非隨便穿著**，尤其有四大禁忌，就是**T恤、短褲、拖鞋、運動鞋並不列入所謂的「休閒服」**。

在歐美，休閒服的定義是嚴謹的，簡單說，不繫領帶、上裝與長褲可以不必同一塊布料或同顏色，但仍需穿皮鞋。我們常看到歐美男士穿著藍色上衣外套及卡其長褲，就是休閒服的樣式了，當然棕色獵裝也是常見的。

我在加勒比海時，常接到請帖上註明穿Elegantly Casual，那又介於西裝與休閒服之間，有時真會為了如何穿而傷神呢。

衣服是一個人的門面，整齊清潔之外，也要合宜的穿著。我曾隨一位長官到國外出差，他每次要上飛機前，總是西裝筆挺，在飛機上再換一件較舒服的外套。有一次，我忍不住問他，何以麻煩多此一舉。他的回答令我畢生難忘，他說：「我們出國代表的是一個國家，對方海關或許沒來過台灣，但總是可從我們這些人的言行舉止而有初淺的印象，穿西裝是代表對他們的禮貌，他們也會對我們客氣尊重些。」我也學得「自重人重」這一課。

我們有看過日本人因休閒渡假就穿著短褲、T恤、夾腳拖鞋出入台灣嗎？難怪別人對他們自然而然生恭敬之心。如果我們服裝隨隨便便，而被外國海關多問話，或多囉嗦時，我們可就別怪人家了。

西裝扣子學問大

雖然我在禮賓司多年，因工作忙碌，反而從未親自教導我的小孩有關禮儀的細節，但我以為他們跟在我身邊，總有看或聽的機會，有一次我偶然問兒子：「你知道西裝的穿法嗎？」

他沒思索立刻回答說：「知道啊！西裝最下面的鈕扣要鬆開。」

「咦！誰教你的？」我狐疑曾教過他此細節。

「去買西裝時，專櫃小姐告訴我的。她說這樣才合乎禮。」

他住美國，所指的專櫃小姐是美國人。我不知台灣的專櫃小姐是否也知道該如此穿西裝，並會盡責的告知購衣人。因為社會上許多男士穿單排扣西裝，依然所有釦子全扣滿，猶如綁粽子，顯然有許多男士還是不懂得正確的西裝穿法。

西裝分為雙排扣及單排扣，前者英文是Double-breasted，後者是Single-breasted。顧名思義，單排扣

西服正式穿著應扣好上方兩個釦子。他們是我在聖文森朋友，在非正式場合，所以較不拘於細節。

只有一面有鈕扣，但雙排扣則是衣服前襟上身有雙排鈕扣，其中還有一個暗扣在內裡，沒露出來。雙排扣及單排扣這兩種形式穿法大不同。

雙排扣：屬於英式西裝（English Style），比單排扣西裝正式。一般有四顆或六顆釦子，穿著雙排扣西裝的男士以高瘦身材較能凸顯帥氣。切記要扣好鈕扣，無論坐或站均不得鬆開。很多英國電影男星愛穿雙排扣西裝，看上去英俊挺帥。

單排扣：這是最普遍的西裝樣式，有一顆至四顆鈕扣不等的形式。早年英國人的騎馬裝上衣是縫上三顆鈕扣，為了上下馬兒方便，最下面一顆鈕扣就鬆開不扣。沿襲至今，**西裝上衣的單排扣，無論有幾顆鈕扣，最下方的一顆都不扣的**。

我陪同外賓去拜會時，外賓們坐下時都會把西裝上衣鈕扣全鬆開；結束會談起立時，他們第一個動作就是扣上釦子，當然最下方的釦子是不扣的。我們的官員或機構主管有的未必知此禮，我看在眼裡暗自希望外賓沒發現，也希望官員們能上一些國際禮儀課程，否則難免會有失禮儀。

袖扣：西裝上衣除了前胸釦子之外，在長袖末端手腕處也有三顆或四顆小鈕扣，英文叫Sleeve Buttons，或者Surgeon's cuff，從Surgeon's cuff的英文字義就可明白原來早期這些釦子是有功能性的。在十九世紀，英國醫生出診為病人看病須常洗手，鬆開袖釦就可把袖子捲起，方便隨時洗手。這些袖釦至今仍存在男性服裝之中，無論各種禮服或休閒服，仍保有這些已成裝飾用途的袖扣。了解上述這些小小釦子的使用，不得不嘆息，扣不扣，學問大。

領帶：如果正式服裝（Dress Code）是指西裝（Business Suit），那麼穿西裝就一定要繫領帶。這條令很多男士坐立難安，甚或臉紅脖子粗的小束帶，可也有來歷的。原始的領帶源自巴爾幹半島的克羅埃西亞（Croatia）傭兵，他們替法國人打仗，史稱「三十年戰爭」。這些傭兵的脖子上總是圍著一條小領巾，當時七歲的法國小王子（後來的路易十四）就開始圍著這可愛的領巾，等到他掌權後，更是費盡心思收集領巾。上行下效的結果，使得法國貴族與宮庭為領巾瘋狂。而英國國王查爾斯二世，年輕時因英國內戰，一六六〇年逃離英國到歐陸避難，直到護國主克倫威爾（Lord Protector, Oliver Cromwell）死亡，查爾斯二世被迎回英國繼位。他也把領巾的時尚帶回英國，成為男士流行服飾很鮮明的裝扮。

男士西裝樸實無華，繫領帶生色不少，領帶可說是男士服裝裡最花俏的裝飾了。根據專業人士的看法，男士們穿衣服要先選領帶的顏色及式樣，再去搭選襯衫與西裝。如果反其道而行，可能會事倍功半。因為小小領帶位置正中，自然容易吸引目光。如果先挑西裝與襯衫，再想從琳瑯滿目的花色中選出適當的領帶，可能會更費時間呢。通常個子高者，可以繫寬廣且較長的領帶；身形矮者，則選用較細而短的領帶。一般人則以寬度3至3.75英吋的領帶較多見，繫**領帶的長度以接觸皮帶扣環即可**，過與不及皆不佳。黑領帶常用於喪禮場合；紅領帶表現強勢、積極的精神，因此很多人愛繫紅領帶。至於其他顏色的領帶只要適當的搭配襯衫與西裝，都能顯示男士們的帥氣與高雅氣質，但是不可諱言的，顏色的搭配是門大學問，學過色彩學的男士很佔優勢，搭配令人看了心曠神怡；有些不懂搭配的男士卻讓人不敢恭維。我根據一些資料，列了一份顏色搭配參考如左表（p83）。

我不禁想起初進禮賓司時，司長劉邦彥先生留著兩撇小鬍子，紅通通的臉頰，對我們這些新進部的小科員總是和顏悅色。他雖然身材中等略圓，但是他的穿著每每令人眼睛一亮。他有很多各種顏色的西裝，厲害的是，他都能搭配同色系的襯衫與領帶，或搭配對比色的領帶；我們大家都公認他是最懂顏色搭配的男士。他總是一身溫文儒雅的打扮，很稱頭的接待外賓，令我們這些後輩不覺興起外交官當如是。

後來他外調到西雅圖當處長，沒多久卻在雷根總統當選後，因心臟病發作而過世。我曾在司長室看到乙幀他與雷根總統的合照，那時雷根是加州州長訪台。雷根先生對台一向友好，在他競選美國總統時，正值台美斷交不久，雷根先生競選時提及要加強與中華民國的關係，當時舉國上下無不盼望雷根當選。果真他當選了，大家高興的不得了，好像是我們自己去投票所選出來的本國總統般歡喜。老長官太興奮了，可能因此引發宿疾導致高血壓發作，從此天人永隔。不過他早走，沒看到後來他所敬愛的雷根總統竟讓國務規院主導，簽了一份對台灣殺傷力極大的八一七公報；得以免去因失望而致椎心之痛，否則恐怕傷害力道更深。

顏色除了優雅美觀之外，也

西裝、襯衫、領帶顏色搭配參考表

西裝上衣	襯衫顏色	可搭配領帶的顏色
黑色或深灰色	白色	任何顏色
	淺藍色	深藍色、黃色、橘色、紅色、橄欖色、粉紅色
	深藍色	暗紅色、芥末黃、灰色、銀色
	淺黃色	藍色、深黃色、淺綠色
	粉紅色	淺藍色、粉紅色
藍色	白色	任何顏色，除了黑色或深灰色
	淺藍色	暗紅色、橘色、紅銅色、向日葵黃
	淺黃色	淺藍色、暗紅色、深藍色
	淺橘色	藍色

成了政黨顏色。台灣有藍綠的政黨代表色；後來我到希臘服務時，巧合發現希臘的兩大政黨也是藍綠之爭。而在聖文森，當時的政黨是紅與黃之鬥。有一年適逢選舉前夕，台灣總統來訪聖國，我緊急電告總部，男士的領帶可不要繫紅或黃色，以免引發有心人的聯想。

襯衫：參加正式場合或活動，男士們必須一直穿著西裝上衣，除非晚宴時感覺太熱，可徵求在場女士們同意，暫時先脫去西裝上衣。但在辦公室裡，男士們通常會脫掉西裝上衣，此時襯衫可就成了主角。如果不搭調的襯衫與領帶，可真會讓在場的其他人不舒服；因此和領帶一樣，襯衫也需搭配合宜。

有些男士繫領帶時，沒有把襯衫衣領的釦子扣好，結果是領帶束著高低衣領，看起來十分狼狽。如果襯衫扣上釦子覺得不舒服，那可能是襯衫領圍太小了，應該要買大半號領圍的襯衫。

有些襯衫的領角兩緣各有一個小扣眼，以扣上在領邊的釦子。一般而言，較正式的襯衫沒有這種時尚的設計。

比較有爭議的是，很多人在夏天穿著短袖襯衫，再罩上西裝；我從沒看過歐美人士這樣穿法。即使在加勒比海那麼熱的地區，政府機關的男士們仍是規矩的穿著長袖襯衫。在台灣穿西裝著短袖襯衫的男士倒是很多；如果辦公室內有冷氣，還是應該正統穿著長袖襯衫，太熱的話就脫掉西裝外套，而不是穿短袖襯衫搭西裝。

不用名牌華服，穿出自己的名媛風

女性喜愛漂亮服裝似乎是天性，這是古今中外的觀察。古籍《戰國策・趙策一》有一句話相當貼切：女為悅己者容。其實該記載要強調的是前一句：士為知己者死。但是流傳下來且歷久彌新的卻是「女為悅己者容」。以往的深閨女性當然是為愛慕自己的人而修飾打扮；而今日女性打扮自己為的是更有自信，同時也讓看到的人都心情愉悅；適切的衣著是對自己及職業本身的敬重。

我自小對穿衣就很挑剔，因為家母在世時是個巧手裁縫師。她為顧客裁製衣服，也為我做一件件美麗衣裳。而我小小年紀老是計較樣式與質料，很有己見，如今想來甚是好笑。我大學畢業前，身上衣服大都是母親縫製的，然而她中年就兩眼昏花，可能視力過度使用之故，家中裁縫機的嘎嘎聲就此停了，此後我只能買成衣。但相較母親縫製的衣服，成衣的質料與舒適感均無法與之相比，而且少了一股濃濃的母愛。我外調工作想家時，腦海中常浮起慈母手中線的影像，就會拿起電話撥回澎湖，聽她慈祥的聲音。如今天人殊途，已無法報得三春暉。

今日女性衣服之多，早已撐起服裝工業半邊天；然而大多數的女性攬鏡自照，總覺得少了一件衣服。對於女性，職場衣著迥異於休閒服裝。我首次外調的城市是美國的舊金山，初次接觸美國社會與文化，驚嘆原來職場對女性服裝的要求是如此嚴苛。套裝自然是必須的，連顏色也趨於男性職域的灰色、藍色或黑色等嚴肅色調。那時是八〇年代，所謂的嬰兒潮（Baby Boomer），剛加入職場就業的女性比以往更多，因此她們必須有全然不同於家庭主婦的穿著，而且以往國際禮儀所定義的宮廷或深閨婦女偶爾參加社交的衣著，也幾乎完全不能適用於職業婦女。

美國第一夫人蜜雪爾很懂得穿衣哲學，不僅受到全球美評，在二〇一〇年時還被美國著名時尚雜誌Vanity Fair選為全球最會穿衣的第一夫人。她的穿衣力襯托她的親和力，是歷任美國第一夫人少有的魅力。美國前國務卿希拉蕊也曾「改頭換面」，為了挽救柯林頓總統競選時的低迷選情，聽從專家的建議，由早年的我行我素，活躍的女權鬥士的形象，例如戴上學者式的黑色闊邊眼鏡，穿具有女權主義象徵的大格子西服，改為較柔和的時髦髮型，改戴隱形眼鏡，拿掉黑色闊邊眼鏡，穿搭色彩耀目的洋裝或套裝，成功地將男性化、陽剛氣重的打扮，轉變為重視自己個性但較女性化的衣著，也贏得選民的形象，順利成為第一夫人。

我剛進外交部時，所接受的國際禮儀是女性不宜穿長褲進辦公室，參加社交活動更不能穿長褲了。但今天社交的定義已不是以往的吃飯聊天，而可能是職務所需的上山下海，為何還死守老規範呢？歐美的女性率先有了突破性的發展，她們固然還是穿著套裝衣裙，但也認為套裝衣褲是職場正式服裝之一，尤其一些女性領袖帶動這個風潮；比如美國前國務卿希拉蕊、德國總理梅克爾、IMF總裁克里斯丁·拉加爾德，以及一些科技界女主管等，穿著套裝衣褲者比比皆是；因此我建議女性讀者，上職場既要穿婉約的套裝衣裙，也要有顯示魄力的套裝衣褲。

我在國內工作的時候，大多穿著套裝衣裙上班或出席開會。駐外時身為主管，有很多不同性質的活動與場合，衣著成了每天要事之一。參加外國人的晚宴場合，為了讓外國朋友很快對我有印象，我的穿著不僅要合宜，有時還要求異，所以在很多場合我會穿旗袍。

合宜適切的穿衣絕對是一門大學問，國際禮儀對穿衣的禮儀很尊重所謂的「國服」。我們常看到沙烏地人穿白袍、教廷神父穿黑袍、印度人大布包頭，而我們在民國初年，男士們穿長袍馬褂、女士們著長短旗袍，各種特色的國服不勝枚舉。國服做為正式服裝，大多在正式的活動或晚宴等場合穿著。以旗袍為例，晚間就必須穿長旗袍，而且雙邊開叉不可太高，才能予人端莊的感覺。如果是白天的活動，裙襬也應長及膝蓋；以免坐下後，忸怩地拉裙襬。

我從第一次外調時，置裝就少不了旗袍。幾個旗袍師傅手工縫製的旗袍，陪伴我過了三十餘年的外交生涯。最慎重的莫過於赴聖文森國，向該國總督呈遞到任國書；白天我選了一件黑緞絲綢布料，前片繡花、下擺過膝的旗袍。我是第

夜間長禮服

日間旗袍裙襬應長及膝蓋；晚間就必須穿長旗袍，且雙邊開叉不可太高。

一任的常駐大使（以前是由鄰國大使兼任），因此當地的報紙及電視都大幅報導。等到就任酒會時，我換穿著比較花俏的長旗袍，對照女士來賓的西式晚禮服，倒也顯示東方的味道。

其實穿旗袍並不舒服，但有特色，總是能在一堆女性中成為吸睛焦點，對於外交工作有加分效果。然而穿旗袍最怕撞衫，比套裝撞衫還可怕。有一年我到美國中西部的聖路易市，接待來訪的慶祝國慶綜藝團。主持人上臺介紹時，我楞住了；她居然穿著和我一模一樣的旗袍，只是她的大了一號。真是英雌所見略同，我們居然買了同一家公司的禮服。她介紹我上臺時，也尷尬地發現了；我們就像一對雙胞胎似的杵在那兒，真糗啊！

我自己有許多件國服旗袍，每次參加活動，儘量不重複穿著，因為僑胞們都會注意到，有的還會品頭論足；這是身為女性處長要特別注意的地方。男性處長毋須這麼煩惱，較少人會注意這套西裝與上次那套是否相同，只要換領帶就成了，少了許多麻煩呢。

我還曾因任務需要穿過沙烏地阿拉伯的國服，有一年，隨同長官到沙烏地阿拉伯考察，一下飛機，當地的同仁到機場接機時，立刻交給我一條黑紗及一件黑袍（Abaya），要我立刻穿上黑袍並包住頭髮，才能出機場；這是入境隨俗的例子。沙烏地阿拉伯有宗教警察，管女性服裝是否合宜。當晚我們與在沙國的同仁和眷屬餐敘，自然的男女分桌吃飯；我們女性桌整晚都在談論宗教警察的種種，和沙國女性的處境。沙國女性，尤其是家眷，是不輕易出門的，更不可能拋頭露面。出生在這種環境，恐怕不是外人容易了解的。沙烏地航空公司雖有女空服員，但全是外籍女性，沙國人無法忍受他們的女性做拋頭露面的工作。

在這麼「保護」女性的國家，男性就很辛苦了，這可從一件有趣的事實而窺端倪。同仁告訴我，在沙國的塞車尖峰不是上下班時間，而是接送小孩上學或放學的時段，因為女性不能開車，大部分的事只好由爸爸代勞了。

至於歐美女士就完全不同於東方的禮教習俗了。正式晚宴上，總是低胸露背，但長裙及地。已故的黛安娜王妃每每有新禮服亮相，就成為全球焦點及女性模仿對象。每年的奧斯卡金像獎頒獎典禮，最吸睛的時候是眾女星身著各式禮服走星光大道了。女士的晚禮服儘管千變萬化，令人目炫神迷，但裙長大抵不出這「晝短夜長」的原則。

◎配件的選擇與搭配

在台灣的女性職場，有些機關或公司行號有規定制服，符合端莊原則，其餘未有制服的女性穿著，仍見隨意或不經心的搭穿；比如大白天穿著金屬亮片珠子的衣服，絲毫不知那是晚間的服裝；有些較曝露的衣著，同樣不適日間穿著。白天的社交活動，以中短裙裝較適宜；要注意的是，純社交應酬與職務應酬是不同的，前者可穿亮麗洋裝；後者則以樸素的套裝或洋裝為主。尤其是中午的應酬，下午仍須上班，花俏的洋裝不適用兩種場合。

女性服飾整體而言，較男士多了小配件，如帽子、手套、絲襪、皮包、耳環、項鍊、胸針等等，而且鞋子樣式多，不同場合穿合適的鞋子也很重要。

我任職禮賓司司長時，常有機會陪同高層出訪，由於參加隨員多，飛機怕重量超重，因此規定每人只能攜帶一只小皮箱。我向總務人員反映我的困境，我要攜帶很多場合穿的衣著與配件，一只小皮箱怎麼夠？他們倒也從善如流，我是少數獲准可攜帶兩只皮箱的團員。禮賓司司長的串場居間介紹場合多，我不能一套衣服自早餐會穿到晚宴結束，經常得視活動性質更換服裝及一些配件等，有時覺得苦惱，卻不足為外人道也；直到離開這個職務，才有如釋重負之感。

帽子及手套：西方上流社會的女士非常喜歡帽子，尤其歐洲王親貴胄的女性，帽子成了身分特徵。英國王室每有王子婚典，我總愛撥冗看轉播，因為這是觀看眾家公主、貴婦之奇裝異帽的好時機，而且隔天報紙總要品評一番，很是有趣。

女士帽子及手套是服裝的一部分，不必像男士般進門就要脫帽及除手套。但是女士上教堂或聽歌劇，不宜戴大帽子，以免擋了別人的視線。

東方人較少戴帽子，我到加勒比海去之前，特地買了兩頂美觀的遮陽帽，還常常派上用場。因為當地有許多戶外活動，艷陽高照，偏偏當地政每個人都口才奇佳，屢屢口若懸河。他們膚色深，挺得住日晒，而我老是被晒的頭昏眼花，又與其他國家大使坐在前頭，我們看著節目表，只希望活動別拖太久。我的兩頂遮陽帽伴我度過那些陽光璀璨的日子。

絲襪：絲襪是女人不可或缺的配件，但是不同於花俏的衣服，絲襪必須愈素色愈好，以膚色、淺灰或黑色為佳；也不宜有花紋，其作用有如西裝褲，是用於呈上啟下，襯托美麗衣著和鞋子的。絲襪最忌走線或破洞，建議女士們準備一雙絲襪在身，以防萬一。

女鞋：女士的鞋子和衣服一樣，似乎總是少了一雙。前菲律賓總統馬可仕夫人伊美黛曾擁有三千雙鞋子，我想這恐怕是空前絕後了吧。女士的上班鞋以包覆腳趾為宜，涼鞋或運動鞋是不宜在嚴肅的辦公室內穿的。我在舊金山工作時，也學當地職業婦女上下班途中，走路或搭公車時，穿著運動鞋，但進到辦公室立即換成正式的皮鞋。台灣天氣炎熱，因此我在辦公場所外，走路或搭車時改穿涼鞋。此外我辦公室總備有兩雙鞋，一雙辦公室鞋，另一雙晚宴鞋，為可能的臨時會議或是餐會而準備。

皮包：很難想像女士沒有皮包配件，會是怎樣的情景？很多電子產品發展出輕薄短小，就是為了放進女士的皮包內。精品名牌包雖能代表身分地位，高貴但不見得實用，一般職業婦女或上班族有經濟的考量，只要樣式大方適用就可。參加晚上的交際應酬則以小巧為佳。

耳環、項鍊及胸針：女士如果是短俏的髮型，配戴耳環能增加秀氣效果，但不宜是大型耳環，以免喧賓奪主成為焦點。項鍊則宜與耳環相配，以免不協調，反而突兀。我多年經驗，白色珍珠耳環及項鍊是最適合搭配各種服裝的配件。胸針可以單獨配戴，但仍需搭配衣服顏色。

香水與化妝：香水其實是頗有爭議的產品。香水眾所皆知是法國人發明，原始目的是為了掩蓋身上因不洗澡產生的異味。在潮濕炎熱的台灣如果不洗澡，立刻讓人受不了。但在乾燥的歐陸，不洗澡並不會令人有那麼糟的反應，不過仍然有氣味，擦香水是法國人掩味最常用的方法。演變至今，香水反成了男女皆喜歡之物。清香的味道確能增加令人愉快的感覺，但濃烈的味道卻可能產生反效果。

事實上，有些人對香味會過敏，無法消受香水。辦公室通常是密閉空間，無論男士或女士，都不宜擦香水。晚間宴會活動，才是香水發揮的空間。

相對法國人欲掩蓋身上因不洗澡產生的異味，我們倒是有很嚴重卻被忽略的問題，那就是發自嘴內的氣味難聞而不自知。我在歐美及加勒比海都工作過，一般而言，較先進的國家比較重視口腔衛生與注意口腔氣味問題。國外的超級市場有一整列櫃台是展示與口腔衛生有關的用品，不只牙膏、牙刷、牙線、漱口水等產品，還有潔白牙齒粉、刷舌頭棒、洗牙機、清潔牙齦鉤器等等，令人目不暇給；只因他們尊重別人的感覺，希望與人對話時沒有難以忍受的口氣。試想我們一天要與多少人講話，如果忽略口腔清潔與衛生，將是令人難過的一件事。

至於化妝，過與不及均不妥。以前聽說有某位女同事喜歡濃妝，她的館長遠遠見她來了，總想迴避，還不忘玩笑地說唱戲的來了。可見女士濃妝是會嚇倒人的。

我在禮賓司長任內，曾陪同來訪的日本參議長拜會總統府。據說這位女參議長曾是影歌星，雖然已是徐娘之齡，但在她巧妙化妝下，仍可看出昔日美貌。我們結束拜會活動，在府外車道廊下候車，我稱讚她美麗，她看了我一眼，還輕碰一下我臉頰，然後說她喜歡我的膚質；我不好意思地道謝她過獎了，相信那時必然紅了臉，原來她欣羨我只擦口紅，極限的淡妝，幾乎是素顏示人。

女士外觀有這麼多要注意的地方，「女為悅己者容」算是一項甜美的負擔吧。

第3章

塑造舒適的住宅環境

我們往往講求住屋要外在條件好，其實更重要的是維護好的居住環境。積極方面，還要與鄰居和睦相處，共同創造社區的好景像。
出外旅遊，不論是借宿友人家或外宿旅館，都是暫時的家；遵守旅館禮儀是每位旅行者的本分，尊重別人，做到己所不欲勿施於人，則自己也會受益。

你做對了嗎？

穿著飯店提供的睡袍或浴衣就到餐廳吃早餐？
〇睡袍是私密性的衣著，如果要走出房間，就要換上自己的服裝。

帶寵物出門旅遊，只要把牠們放在專屬的籠子裡就可以了？
〇如果要帶寵物出國，必須準備寵物護照（獸醫開立的健康證明書），也要確認入住的飯店是否接待寵物入住。

好宅勝過豪宅

我在美國書店曾買到一本居家環境要點，其中大半談居家風水；我們購置房產必然顧及風水，因為會影響我們的生活。西方人對Feng shui（風水）兩字耳熟能詳，因為他們也認同現代居家風水很符合科學的意涵，例如講求光線要明亮、空氣要流通，最好在山明水秀之濱、負離子多的地方，如此對人的身體健康才有幫助；也就是中國古人講「氣」的概念，和西方人常談的Energy是一致，居家如此自然就是好風好水所在。

雖然西洋人不排斥風水概念，但是否實際應用在購屋或做生意上，我一直存疑。直到我在希臘時認識一位女士，她為人看風水，生意很好，而且還常接歐洲其他國家的案件，我才相信，還真有非中國人以看風水為職業。讓我嘆息老祖宗留下的風水術，大部分人棄之如敝屣，總覺那是迷信，不值一顧。

談居家就像談經濟，有總體的限制，也有個體的問題。就人類居住而言，目前全球最大的問題是人口向城市集中，使得城市居大不易，大都市所造成或衍生的城鄉差距與環境污染，一直是人類有史以來，難以解決的負擔，無論富裕或貧窮國家的大城市都存在這些問題；台灣如此，希臘亦是，美國也不例外。台灣地狹人稠，大多數人居住在南北的大城；希臘版圖較台灣大三倍，人口不到台灣的一半，約一千一百萬人，但是半數以上的人口住在大雅典地區；美國地大物博，人口也是往城市集中。

人們雖然住在寸土寸金的城市，卻喜歡綠地公園，這是符合風水法則的。在這方面，美國人無疑是幸運的，在城市中有較多的公園綠地。我在希臘時，公園是我每天必去散步的地方，尤其希臘多松樹，漫步其間思慮清新，是我工作充電的源泉。因此我可以體會土耳其人因為政府要將公園綠地改建成購物商店，而產生的焦躁心情。但在伊斯坦堡的抗議，竟演成反總理的示威抗爭，倒是出乎眾人預料；因為歐洲各國經濟凋蔽無不焦頭爛額，唯獨土耳其經濟一枝獨秀，土耳其總理自認功不可沒，孰知在本國內卻飽受批評。

我在美國城市居住多年，也在歐洲的希臘居住一段時間，朋友們總是問我兩地居住的感想。大體而言，美國居方便有餘，細膩不足；歐洲歷史久遠，家居古老有餘，卻維護不易。

舉例而言，美國的城鎮大都經過規劃，房屋整齊的座落，下了高速公路必然有基本的商店配置，像加油站、麥當勞、咖啡店、小型便利商店等；棋盤式的街道，必有一條街叫Market Street（市街）或Broadway（大街），所以大都數人說美國城市，千篇一律無特色可言，房子外觀亦樸實無華，但幾乎家家戶戶有草坪。

歐洲就不同了，每個國家都不大，有的甚至比美國一個州還小；但是由於人種、語言、文化的不同，各有各的特色與風貌。在美國也許看到某棟古老歷史的屋子被列為世界文化遺產，就是偉大古蹟了；但在歐洲捷克的首都布拉格，整個老城區被劃為世界文化遺產；又西班牙知名建築師高第所設計的每一幢房屋也都列入世界文化遺產；我在巴塞隆納的旅遊行程，就是去看這些高第所設計極其特別的房子。

◉千金難買好鄰居

有個小故事說明芳鄰的重要性：南朝時候，有個叫呂僧珍的人，生性誠懇老實，又是飽學之士，家庭中的每一個成員都待人和氣、品行端正，因此呂僧珍家的好名聲遠近聞名。同時期的一位郡守季雅則因為官清正耿直，得罪了很多人，終於，季雅被革職，一家人只好從壯麗的大府第搬了出來。剛好呂家隔壁的人打算賣房，季雅從別人口中得知，呂僧珍是一個君子，家風極好，季雅立即找這家人，願意出一千一百萬錢的高價買房，成交後，與呂僧珍成為芳鄰。後來呂僧珍得悉季雅出此高價買房，很吃驚；但季雅說：「一百萬錢是用來買宅院的，一千萬錢是用來買您這位道德高尚、治家嚴謹的好鄰居。」

對於居住的大環境我們能改變的很有限，這也就是何以孟母要三遷，找個合適孟子成長的環境；今日好學區附近的房價居高不下，古今之理相同。然而至少我們可以掌控自己居家的環境，維護裡外整潔，外觀能賞心悅目，內部依各人喜好裝璜適居。這個原則並非只有富裕的人才做的到。去年我和友人到哥斯大黎加去賞鳥，常在鄉間看到工人的房子，修剪過的草坪，種了花，衣服曬在後院，雖然房屋簡陋，卻極整潔；我們開車經過，看了心情大好。他們做到了有關居家的禮節，自己住家清潔舒適，也讓人看了心生歡喜。

每次我自外館調回來，都要經過很長的居家環境調適期。雖然台灣地狹人稠，但如果公民素質再多提升，相互忍讓就是居家之禮。例如住在高樓華廈，樓梯間的走道上仍看到各家的鞋櫃與放在門口的鞋子、拖鞋等。我總覺得固然方便了自家，卻有礙觀瞻，也不利潔氣流通；於風水術而言，也並不理想。

台灣的鄉村有較多的青山綠地環境，只可惜在前後院大都堆滿了物品，很像資源回收站。我在美國、希臘居住時，很喜歡去鄉間走走，家家戶戶整理的乾淨清潔；尤其希臘人喜歡漆成白屋藍門，與明亮的藍天白雲相呼應，美不勝收。

居家不僅僅是外在條件好，更重要的是我們要去維護好的居住環境，好山好水，如果垃圾滿地、廢棄物隨意堆置，也會成為人人避居的穢地。

積極方面，還要去營造芳鄰的住家環境，與鄰居和睦相處，守望相助，不因小事種惡因緣。尤其城市居，大不易，樓上樓下均有住戶，如果不克制自己，就會成為鄰居的夢魘，例如小孩吵鬧蹦跳、拍球聲、深夜吼叫、彈琴等皆會擾人休息與睡眠，一不留心就可能被列入惡鄰。

記得剛回台灣時，我樓上的住戶屢在夜深人靜時才淋浴，巨大的水流沖柱聲響常令我難以入眠，我忍受一段時間後，決定要告知他們；於是草就一張紙條好言相勸，貼到他們門口；後來他們也回貼一張道歉的紙條。我慶幸家有芳鄰能相互包容體諒。

談居家，除了外在的環境，還有在人們內心的福地。居家希望的環境風水，也是我們內心世界的禮讓態度，如同陽光般和煦，流水般謙沖，宇宙般寬廣，內外兼具才能享有真正幸福、健康、快樂的生活。

賓至如歸的外宿

我的外交生涯得以認識許多人士，甚至結為好友，也常有機會受邀住宿友人家中。如果主人是外國人，我會更注意相關的禮儀，不希望因為一時的疏忽，而影響了彼此的友誼。

◎住宿友人家

歐美國家人民特別重視私領域（Privacy），因此能獲邀至歐美友人家中作客並宿於其屋，表示友誼深厚，要極為珍惜。我任駐堪薩斯處長時，認識一對美國友人夫婦，先生負責一個商業協會組織，太太曾任職美國航空的空姐。我們交往一段時間，然後我被調至聖文森服務。這對友人在他們家中游泳池畔為我舉行惜別酒會。兩年後我因事再回堪城，他們邀我至他們家中作客並住了三晚。他們一再對我說，「Please make yourself at home.」中文之意為「請別拘束，別客氣」，其實就是希望客人有賓至如歸之感。

我初次住在美國友人家，因此體驗美國人家中的細緻佈置，處處見巧思，難怪美國有很多商店是賣家庭陳設或佈置的商品或DIY材料。這些佈置不必是所費不貲的材質，但配色與藝術眼光讓人心悅誠服。

住在友人家中，我儘量配合他們作息時間。我起床後如同在自家一樣，先整理床鋪，儘量保持房間原狀，並注意浴室的清潔乾淨。如果我不和他們一起出門，一定告知回來的時間。最後辭別時，把房間的垃圾清理後才離開。這兩位美國友人家中的美麗佈置與我在他們府上的舒適住宿經驗，永留腦海。

我也曾有驚險的外宿經驗。有一年，我到瓜地馬拉出差，在美國洛杉磯轉機。在飛機上遇見一位在英國石油公司任職的薩爾瓦多人，我們聊的很愉快。他關心地問我，到瓜地馬拉之後的情況；我告以沒問題，因為同事會來接機。他還是禮貌的說，他太太會來機場接他，如果有問題，可以一起先回他們家中。由於我出國前還有公務電報（當時手機、網路等通訊設備還未像現在這麼方便）告知駐館，請同事來接機，因此我再度禮貌婉謝了。

飛抵瓜地馬拉機場後，我向這位薩籍友人揮手道別，領了行李，推向出口而行。大廳外有許多計程車，操著西班牙語的司機前來向我兜著搭車，並伸手要拉我的行李；我一面保護行李，一面張望，卻不見接我的同事身影。我隱約感覺不妙，拉回行李，立刻轉身入內去找那位薩籍友人。見了他及他的太太，我尷尬地說沒看到來接我的朋友，他們立即邀我回他們家，再作打算；於是我生平第一次住到陌生人家中。我打電話給同事，他更訝異，因為他根本不知我要來，顯然電報未送達。因為已是深夜，且瓜國晚間的治安並不好，所以我們相約第二天在這位友人附近的加油站會面，才結束我的異國外宿歷險記。

這位薩爾瓦多友人家中有位幫傭，非常客氣，幫我準備房間，隔日晨間又準備了豐盛早餐。於是我向主人夫婦表達要給予這位幫傭小費；他們答應後，我親手交給她一些美元，並說非常謝謝。這段奇遇也加深我對中美洲人民的好感，他們大都是友善的。

◎外宿旅館

我們出外旅遊大都是住宿旅館，因此旅館成了暫時的家。旅遊除了好的行程規劃，住宿的安全與舒適也是影響旅遊品質的要項，尤其到非英語系國家，更要注意言語溝通的問題。我任職希臘時，每逢夏季旅遊期間，都會請館裡同仁特別留意急難救助事件。據我的觀察，旅遊希臘，尤其是自助旅行或背包客，搭地鐵時，錢包、護照最容易被扒竊；更要建議讀者，不要住宿在危險不安全的區域，尤其自網路訂房，看到房價便宜就下訂，卻不知可能是位在販毒窟，或盜賊出沒最頻繁之區；基本上，太便宜的住宿就應警覺是否附近治安不佳。

其次，在陌生地區，有人來搭訕或拉扯也要注意錢包、照相機、手機等物品別被搶或偷。出門一定要拿旅館名片，萬一迷路，才能可以問人或坐計程車回來。夜晚女士更不要單獨外出，也不隨意和陌生人交往；多少失蹤或遭遇不幸的女孩，就是太天真了，忽視這兩項護命符，而發生悲劇。

旅館是公共空間，旅客彼此尊重，才能住宿愉快。在旅館中最失禮的是公私不分，許多旅客因出門旅遊放鬆心情或興奮過度，忘情的在大廳大聲講話、嘻笑、么喝小孩，或任由小孩到處跑竄，卻忘了飯店大廳是公共場所，其他旅客必然投以訝異、輕視的目光。全球的觀光客以日本人的知禮與團隊精神，最受到讚揚；實在值得我們學習。我們對岸的同胞出國漸多，到各國旅行，當地人是愛恨交加；各國想賺這筆觀光財，但是對於一些觀光客的離譜行為又極氣憤，隨處抽煙、經常旁若無人的大聲說話，都是令人詬病的事；希望他們早日意識到禮儀的重要性，才能受到尊重。

住宿旅館的禮儀極為簡單，就是尊重他人，做到己所不欲，勿施於人而已，英文是很淺顯的字句：Treat everyone else how you want to be treated.

我三十年來住宿各國旅館，將經驗談列舉如下：

退房時，要挪出充分時間退房手續；我每次看到櫃台排長龍，就頗為心急，因為要check out，趕搭飛機。但是急也沒用，養成提早辦理退房事宜，才是解決之道。

我有難以入睡的毛病，遇到鄰房吵雜聲音，更加重失眠的情況。只好要求換房間，我總是先自我抱歉，再以哀兵之態，請求協助換房；竟然偶爾換到更好的房

在旅館要尊重公共領域的安靜與整潔

維護旅館物品

間。我一再感謝旅館的服務，並表示將推薦友人來住，旅館人員也開心謝我。互相有禮，皆大歡喜。

各層房間的走道是公共空間，我們經過時，說話要輕聲細語，顯現我們知禮的風範。在自己房間雖屬私人空間，但一般旅館房間的隔音並不佳，仍是要注意電視、音響聲音要小，在房間聚會談心說話聲也要放低，所謂隔牆有耳，降低音量也是保護自己。如果出門就要換服裝才合乎禮，因為睡袍是私密性的衣著，穿了之後就不再出門走動，在電影中的美麗女星即使穿上漂亮睡衣、睡袍，也僅在自己房間亮相。

對於服務人員，例如拿行李者、清潔人員、送餐至房間者，我們應尊禮儀也展現大方，給予小費。

如果喜歡旅館專屬的浴袍、毛巾、枕頭、衣架、高級拖鞋等，可向旅館詢問有無販售，再行購買；不可隨意攜走。我的友人喜歡收集住宿旅館的浴袍，他總會向櫃台人員詢問並表達購買之意。

我住希臘時，常到保加利亞出差，總是住宿在小丘上的一家頗具規模的旅館。我會利用空閒時間到旅館附設的五星級健身房運動，使用之前都必定會先詢問需注意的規定，例如使用健身室的時間、進健身房的穿著、使用健身房毛巾的規定等，因為每家旅館的規範並不相同。

多年前的一則新聞，仍盤據我腦海，難以忘懷。當年我們一隊運動員到澳洲去比賽，在房間開派對，竟然將好好的一個房間弄成污穢不堪的狀態，旅館經理氣的要將整團人員趕出去。這是丟臉至國外的極端例子，應引以為誡，才能做到不二過。我們出去在外，代表我們的特質與國格，相信大多數人會小心呵護。

寵物也要懂的禮儀

我外調美國時，看到美國人對寵物極為呵護。我與當地僑胞朋友談及此事，他嘆氣說寧可做美國狗，也不去做窮國家的流浪漢；真是一針見血的評論。的確，美國人相當愛寵物，街上少見流浪貓狗。而且除了城中心人口密集，有些公寓房子規定不得養寵物之外，大多數獨門獨戶的住家，養著各種寵物——貓、狗、蜥蜴、兔子、烏龜、鳥等等，有的是看守門戶，更有的是作伴。美國人愛寵物，也因之啟發教育節目，例如芝麻街（Sesame Street），不僅我的小孩愛看，我也經常被節目中的動物布偶吸引，那是一段小孩成長時與我的共同回憶。

在美國的僑胞入境隨俗，許多家庭養寵物。我生平怕狗，因此受邀到有養狗的僑胞家，他們會把狗關起來。我也曾遇到訓練有素的狗兒，讚賞主人平日訓練有方。如家中常有訪客，狗兒確實要給予基本的訓練，牠們懂禮，主人更有光彩。

主人多熟悉自己寵物習性，較易訓練寵物基本的禮儀。例如狗兒在自己熟悉的房子內，表現會好些。最怕的是帶狗兒去參加新屋喬遷之喜，無論狗兒受過多少訓練，牠仍有天生野性。到陌生地方，特別是新房子，狗主人如果不了解狗的天性，狗兒可能到處奔竄。因為狗兒聞習慣了有「人味」的房子，才感覺是在屋裡，而新家具、新窗簾、新地毯都是未經人完全觸摸的，牠們會以為那不是室內，追、趕、跑、跳、碰的結果，難免物品有所損傷。因此帶寵物去參加新屋落成或喬遷之喜，別忘了為寵物繫上鍊條，而且要好好看守，以免發生災情。

狗兒較易受教導，但是我一位長官飼養一隻聰明鳥兒。人鳥共處一室，主人晨間未有動靜時，鳥兒亦不會出聲；等到主人準備起床了，可愛小鳥才吱吱喳喳。主人午睡過久，鳥兒還會叫起床。有趣的是主人講電話太久了，鳥兒竟然會抗議呢？

帶寵物出門訪友，確認寵物能聽指揮守禮數，拜訪對象如果怕狗、或不喜寵物者，就須考慮帶寵物前往友人處，可能不受歡迎。當然拜訪對象如果喜寵物者，帶寵物前往就無太多顧慮。倒是沿途搭乘交通工具，仍須注意寵物的安全。旅途的疲勞並不僅限於人，寵物在長途跋涉中也會感到疲倦，所以在安排行程時，要考慮到寵物所需的休息時間。如果牠們表現出暴躁或者易怒的情況時，表示身體不舒服了，對牠們生氣，無濟於事，需要一些休息才會恢復平常活潑的模樣。

帶寵物出門，可能也要考量到寵物是否會暈車。我們怕暈車因此上車前最好不要吃東西，這對寵物也是適用的，而且出發前八到十二小時就應禁食。若自行開車，發現寵物有暈車現象，應將車速放慢，降下車窗，讓新鮮空氣流入車內。下

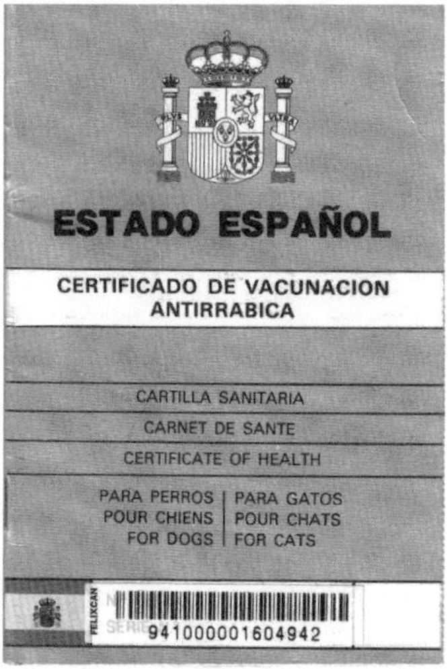

寵物護照

溜狗時，主人要記得清理狗排泄物。

車休息時，記得替寵物補充水分，不要單獨留牠們在車上，尤其炎炎夏日，車內溫度急劇升高，容易對寵物造成生命威脅。我們愛寵物，就要為牠們設想。如要放寵物出去，要先考慮周遭環境，如路面是否過熱、水質是否過髒等。我搭飛機時也常看到人們帶著寵物上飛機。我們出國帶護照，寵物出國也要有「護照」，那是一張獸醫開立的健康證明書。搭飛機對寵物而言，空間小、時間長，比乘車更令牠們焦慮。或可請醫生開合適的藥物服用，讓牠們能夠平安度過這段飛行時間。由於可能要跨越不同的國家，行前準備會比較複雜。各個國家對於動物，最擔心的就是傳染病和健康狀態。不同的國家對於寵物旅遊的規定不盡相同，出發前一定要記得詳查清楚。帶寵物出遊的另一個問題是，並非所有的旅館都歡迎寵物入住；所以入住前，一定要詢問清楚，才不會發生到了飯店卻無法入住的狀況。

許多人養名貴的寵物，如果走失會是一大噩夢；為預防萬一，幫寵物打上晶片，不失是個良方。這個晶粒般大小的晶片，在數據庫中登記飼主的聯絡資料，可於走失的寵物晶片上辨識。

教好寵物不得隨便溺便也很重要。我經常看到隔鄰大廈的一位女士，帶寵物出門散步，她總是準備一個塑膠袋，隨時清理寵物糞便。我很感動，徵求她同意，照了一張最佳的維護環境示範照片。

寵物能帶給飼主歡樂，也會為他們帶來麻煩，尤其是寵物死別之痛。我看過太多的僑胞因熱愛的寵物走了，痛心難過，久久猶未平復。也有因寵物使得鄰居關係緊張，尤以夜晚嚎叫的貓狗，令鄰居不得好夢時，抱怨就開始了。長期下來，近鄰成了冷漠的仇人，實非飼養寵物的原意，但是卻造成了遺憾。

台灣有很多的愛心團體經常呼籲不要棄養寵物，飼養寵物之前，確須三思，不是因為一時興起而飼養。我們可能要先問自己，能否負責照顧寵物，猶如照料小孩一般：包括生病時帶去看病（費用高要有心裡準備），出遠門時妥善安排照護問題、而且也要教導禮節等，都考慮清楚了才去飼養。我們不忍見流浪犬貓，幸而有愛護動物團體一再呼籲認養這些流浪犬貓；佛家講眾生平等，寵物既是受寵而來，就應善待之、教導之、終其一生做為良伴，是飼主之責，寵物之幸。

第4章

行進得宜，
展現應對進退功夫

乘車、開車、搭乘大眾交通工具等禮儀，或進出電梯、上下樓梯、與主管同行等行進間的禮儀，不僅顯示自己的修養，更能顯現我們應對進退之道。

你做對了嗎？

到國外開會洽公，對方公司的車子來接送，你應該要坐在哪裡？

○如果是主人開車，則應該坐在前座。如果是司機開車，則應該坐在右後方。

和長輩、上司同行，走在他們前面，方便幫他們開門、叫車？

○應該走在長輩、上司的左後方，不能跟太近，也不可離太遠；這種若即若離的行進方位，表達的是禮數。

小心，別把朋友當司機

從古至今，交通工具由乘坐馬車演變至動力汽車或其他形式的載具，乘坐禮儀依然受到重視，且中外皆然。古代即使貴為帝王也須懂禮，以為人民表率。萬世師表孔子也教導學生須學禮、知禮、行禮做為行為的準繩。因此乘車禮儀不侷限於國際場合，已成為現代的生活禮儀了。

早年我常聽外交前輩們講駐外的甘苦，那時候我們是新進學員，對於前輩們的敘說無不洗耳恭聽；他們的精彩描述伴隨眉飛色舞的表情，讓大夥聽得入神；只有提到開車去機場接國內來訪的「要員」時，神情才暗淡些，自嘲在當地國受到尊敬的外交官往往成了那些要員的司機；只因為這些要員不懂乘車禮儀，當我們同事親自開車接送時，他們仍然慣性地往後座坐下。曾有一位同事斗膽但客氣的請該要員移駕到前座；他卻回以：「呵，沒關係，我坐後面。」那位同事垂頭喪氣，不敢告知那是不合乎禮的。

早年的要員在國內都有司機接送，在國外遇到駐外的外交人員親自開車接送時，如果不懂乘車禮儀，往往將外交人員當成司機。現在的要員大都知道這類乘車禮儀，遇有外交人員親自開車，大抵知道必須坐在前座了。然而還是並非人人都懂此禮，我在大學兼課，一位系主任告訴我，他曾接待日本大學教授及助教來台灣數天，他駕車接送他們時，這兩位日本人總是坐在車子的後座，讓他感覺不被尊重；可見貴為教授仍有不知禮者，以下我就各類交通工具，分別說明乘坐時該注意的禮貌。

◎乘坐汽車

乘坐汽車的禮儀很簡單易懂，關鍵在於**開車者是主人，則尊位在主人右邊**，其次為右後方；再其次為左後方。一般不會安排貴賓坐在後座中間，因那座位並不舒適。

如果**開車者是司機，則尊位在司**

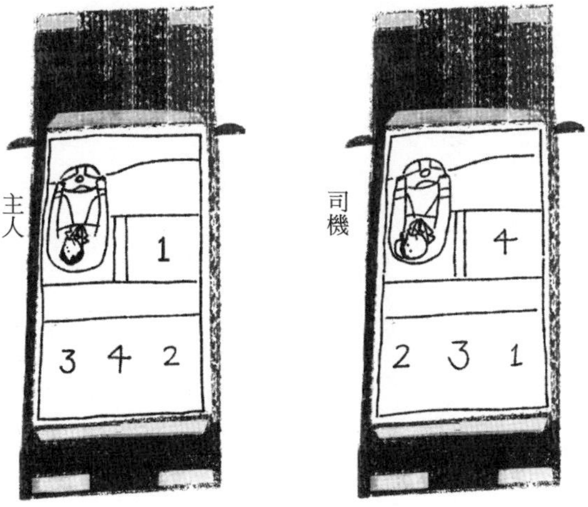

圖4-1 轎車禮儀：主人開車時，前座是尊位。司機開車時，尊位在後座右一。

機右後方，其次為左後方；司機右邊的座位為較小位。（圖4-1）

我在聖文森服務時，我國總統團來訪，聖國總理為表示禮遇，表達欲與總統同車；於是他倆坐後座。我則坐在司機右邊位置，隨車照料並為他們翻譯。

◉乘坐吉甫車

吉甫車只有兩門，後座進出不易，因此其**尊位是在前座**。

有一年我隨團參加慶賀尼加拉瓜總統的就職典禮。由於尼國的奧德加總統是打游擊戰出身，他親自開吉甫車帶我國總統下鄉去參訪，我們總統的侍衛長只好委曲擠到吉甫車後座，好幾小時的顛簸山路，很累人的，侍衛長真是辛苦了。

◉乘坐巴士

中型巴士或大型巴士之類的大車通常都有專業司機開車，如果滿額乘坐，**以末排左方（與司機同方向）為最小位**，依序坐滿後，再移前一排的左方坐起，如此遞坐至前排。其主要考量是，**方便位尊者坐在前排，最後進入車廂，卻最先下車**。

如果有服務人員，則須等乘客都坐妥後，才回到前方司機旁的座位。如無服務人員，則司機要下車，確認乘客安全上車，再回到駕駛座。

小型巴士一般是指在九人座以下的車輛，如是主人開車，則尊位依然是主人身旁的位子，切不可因為是巴士而逕自坐到後座。

如果是司機開車，則座次如同上述之中巴或大巴的乘坐禮儀，仍以末排左方為最小位，靠近車門，易於出入的是尊位。（圖4-2）

◎搭計程車

我的公務生涯經常有機會到各地開

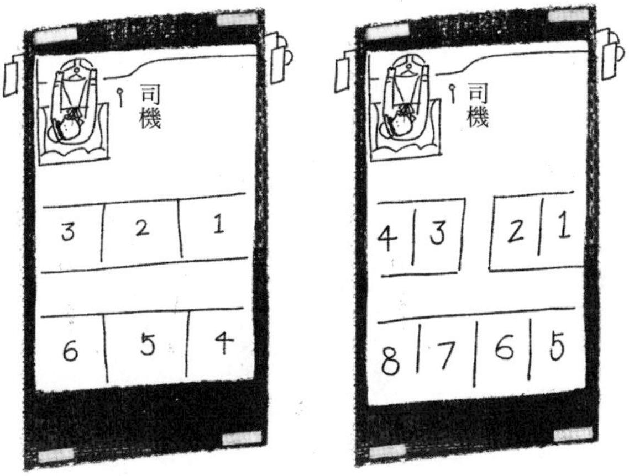

圖4-2 巴士禮儀：末排左方為最小位，尊位在最前排，方便尊者最後上車，最先下車。

會、考察或探訪，因此除了搭公務車，很多時候也搭計程車；**與長官一同搭計程車時**禮儀也不可忽略，讓**長官坐後座，秘書坐前座**。

德國的計程車不是賓士車就是BMW車，在希臘的計程車大多數也是德國車，車內都很寬敞舒適。此外，還得留心安全問題，計程車司機良莠不齊，全球皆然。在日本，很多計程車司機穿著整齊，有的還戴上白手套，給人印象頗佳。在希臘就要碰運氣了，我曾遇到好心司機，親自上門歸還我女兒遺留在他車上的皮夾；也遇到貪心卻未得逞的計程車司機，那是一次難忘的行李失而復得記。

我和同事三更半夜從保加利亞首都索非亞市（Sofia）飛回雅典，我們搭了一輛計程車，返抵家門時，我疲困至極，付了車資，要了收據，漆黑夜色讓我未細看，仍有一件行李還在後車廂內，計程車就開走了。直到第二天早晨，我才發現少了一件行李。幸好收據上有司機的電話號碼，然而電話始終無人接聽。於是我們向計程車協會查詢，並說準備報案；二天後行李回來了，我們慶幸毫無損失。

在國外搭計程車，也要留意別被敲竹槓。我們去保加利亞轄訪時，當地友人告訴我們搭計程車要選有「OK」兩字的計程車。可是街上幾乎都是「OK」計程車；所以還必須注意在車窗邊的小小收費告示。我們曾誤上「黑車」，差點被敲竹槓；司機要求高額車資，我們只肯給一半，那已是一般車資的兩、三倍了；司機很不耐煩，要不是我們人多，司機先生恐怕不會善罷干休。因此自助旅行者或背包客到異國前一定要先搜集資料，了解該地交通狀況之外，注意合理的車資收費，才不致麻煩上身。

◎搭乘飛機

搭機禮儀的機位座次安排與巴士座次相類似，位**尊者在前艙座位靠近機門**。偶有外國元首來台灣訪問，總統會陪同南下參訪，有時搭高鐵，有時乘坐空軍一號專機。雖然我們在電視新聞看過很不同的搭機禮儀，但大多數人知其然而不知其所以然；例如美國總統搭空軍一號到各州，飛機停妥後，大家會看到，最先下飛機的是總統；飛機起飛前，最後上飛機的也是總統，進艙門前他總會轉身回眸，對送行者揮手道別，然後機門才會關上。這就是禮儀了，**元首總是先下飛機；最後上飛機**。

不過我隨台灣總統團出訪時，搭機禮儀稍有不同。通常我們的專機抵達時，我會去接當地國的禮賓司長上專機來，由他或她引領總統下飛機；我們則一貫緊隨在後。那位禮賓司長會介紹接飛機的該國政要給總統。訪問結束要離開時，則我們先登機，總統與送機者握別，最後他才登上專機，一樣會轉身向送行者揮揮手後才進入機艙；完成訪問當地國的最後一項禮儀。

一般人搭機較沒有座次的問題，如果坐在靠走道的位置，就要樂意讓旁邊的人士出入，而且最好站起身來，而不是只縮腿後靠。此外伸縮倚背也要顧及後排乘客是否感覺不舒服，總之，禮節就是要做到己所不欲，勿施於人。

◎搭捷運

我退休後已告別繁文縟節的外交生涯，回歸田園；現在最常搭乘的交通工具是捷運和公車。台灣的捷運有乾淨的車廂及守禮的乘客，尤其博愛座都能落實給需要的人士坐，深受國際好評；但我坐久了也發現一些奇特的現象，我常看到小姐女士在捷運裡化妝梳頭。我的朋友說她遇到這種情況就會瞪著她們，問題是她們可能不明白如此做是不合乎禮的；還有一些女士們穿著入時，坐在椅上卻雙腿叉開；而一些男士們體型壯碩，坐在椅上分叉雙腿並前伸，絲毫不顧及是否侵擾了鄰座的乘客或會妨害別人的通行。

我在國外搭捷運時又是另一番感慨；希臘的捷運採信任制，不像台北的捷運有收票閘門，入口只有一個小小刷票箱，搭捷運的人自行將車票塞進箱子，機器抖動一下，印上入口時間（一個小時內轉其他線的捷運與公車皆有效），沒有防範設置，所以會有坐霸王車或持僥倖心理的人，並不是每個人都誠實買票；因此就有便衣巡票人隨機抽查，乘客是否有購票登車，萬一被查出未購票或票已失效，則開罰六十倍票價。

◎搭公車

美國公車的司機很友善，對於行動不便者，均會協助降低車板讓輪椅上車。台灣公車司機的服務態度參差不齊，很多的司機經常急剎車，令人站不穩；有些不等已急速快奔趕來的乘客就急馳而去；不過我居住的三峽地區，公車司機們會向乘客問安、道謝，乘客也回之以禮，是令人愉快的良性互動。如果所有的司機們能有耐心，並且不要常猛剎車，相信更多人會喜歡搭公車的。

總之，無論是公務或私誼搭乘交通工具，尤其是小汽車，都務須了解乘坐禮儀，才不致貽笑大方。

開車禮儀

開車遵守禮儀，不僅顯示自己的修養，更能保護自己與別人的安全。基本的該有的禮儀如不酒駕、不亂變換車道、換道時先打方向燈號、不亂按喇叭、不常急剎車、尊重行人路權等，都是我們耳熟能詳的規矩。開車時，更忌不專心，例如，近來常聽到因閃神疏忽或偷瞄手機螢幕而出車禍。我在美國時還看到有些女士一面開車一面化妝，除了自嘆弗如，也為她們捏一把冷汗。

外交人員駐外經常要送往迎來，因此我們的職前訓練之一就是學開車。在國外，尤其是美國，不會開車就像缺了兩腿，我是在台灣考取駕照，但並未真正上路開車。到美國後，要重新考照，結果考了三次才成功，但也養成小心開車的好習慣。美國地大街寬，開車、停車都比台灣簡單多；不過也因此我們這些膽小心細的美國開車者回台灣後，看到滿街摩托車，窄路的兩邊還停滿車子，僅留中間羊腸鳥道，都嚇倒了。因此我在台灣也不敢開車，尤其公共交通方便，開車需求更低了。

等到外調希臘，我又必須開車了。剛到雅典時，我為了熟悉路況，所以請辦公室的司機與雇員陪我試開車，結果辦公室的司機稱讚我開車很細心謹慎，是個好駕駛。我自認開車技術不怎麼樣，但是剎車的規矩我懂；這要歸功於我那位已在天國的長官黃秀日先生，他曾教我不要開近了才剎車，而是遠遠看到紅燈時，就要輕踩剎車；等到接近紅燈，再平順的踩住剎車，這樣才不會使乘客前仰後翻，而感到不舒適。我屢試不爽，既能使我的乘客舒適愉快，又免去剎車皮的耗損，亦兼節省油料，多重功效；合乎禮又省了荷包。

在台灣或美國，開車人絕大多數都會尊重行人路權、不亂按喇叭，但在希臘這些都是奢求；我在美國所學的開車好禮儀，到希臘後幾乎完全無用武之地，希臘人開車特別急燥，喇叭聲此起彼落；我經常被後車按喇叭，只因我暫停，禮讓斑馬線上的行人通過。在希臘每天開車出門前，我都要提醒自己，別被那些不懂禮的司機影響心情。但希臘的交通還不是最糟的，在埃及首都開羅，我還曾親眼目睹五線道的馬路卻橫塞了十部車，於是按喇叭大賽上演了；大概只有會鑽縫隙的車子才有可能通行；當然更不用說禮讓行人這回事了。我和友人在開羅的人行道杵立了很久，依然不敢過街，最後求助路旁正要進入建築物的兩位美女大學生；她們拉著我倆過馬路，只見她們微舉手臂示意，車陣中的駕駛暫停讓路，才解了危。在此地恐怕求生第一，才能再談禮儀，真有如秀才遇到兵，有理也說不清。

有一則日本的實例值得我們效法；朋友在東京要過大馬路，那是個較偏僻的馬路，沒有設置人行道紅綠燈，朋友們走了幾步，見來車不少，就停了下來，想找個空檔再過。沒想到人行道兩側，很快排起車隊長龍，而最前面車輛的司機，在車內作出「請先過」的手勢，微笑著有風度地靜等朋友過馬路。在歐美國家也往往看到開車人耐心等待母鴨率小鴨子們過馬路的溫馨情景，都值得我們見賢思齊。

另外值得一提的是，台灣和全球多數城市一樣，漸漸興起騎單車，如台北市的Ubike在城市中穿梭；單車騎士也要有基本禮讓觀念，否則傷人傷己。不幸的，已經有許多路人因單車不肯禮讓而受傷。在國外，我常因不熟悉情況誤走單車專用道，騎士自後方來時，除了按鈴，口中還會唸著「On your left.（注意左方來車）」，他們會嚴謹遵守**由左方超車**的禮儀；如此顧己亦保護路人，值得我們學習。

古人說「禮」者，「理」也，是應對進退之理，規範人際關係，尤其在危難中更見真章。一九八九年我在美國舊金山服務時，遇到將近芮氏地震儀八級的大地震，有上下兩層橋面的海灣大橋坍塌，壓擠成三明治；市區大樓像鐘擺，左右搖晃；玻璃碎滿街；全城的電力系統震垮了，紅綠燈也不閃了；但城裡的汽車卻井然有序，在無人指揮之下，橫向、直向的車子交替通過，沒有橫衝直撞，也沒擠成一團，更沒有喇叭聲。這是有「理」也有「禮」的表現，美國國力強大，從細微處即可彰顯。

開車是一種慣性動作，因此初學時即保持好習慣，一旦握住駕駛盤，就能小心謹慎，為自己也為別人著想，做到快樂出門，安全回家。

行進間的方位

禮儀講求適切，過與不及均不妥；然而有些細緻的禮還是有加分效果的。例如國際禮儀有「尊右」原則，這也落實到行走禮儀。與長者、上司同行，學過禮儀者會機警地繞到他們的左邊去，不會站在他們的右邊行走。這對於我們外交人員是基本訓練，大家知道行進的方位。日本人更講究長幼有序，**老闆走前方，屬下走左後方，既不能跟太近，也不可離太遠**；這種若即若離的行進方位，表達的是禮數。年輕朋友如果早點懂得禮儀，與上司同行時，自會小心進退禮儀，上司看在眼裡，考核在心中，能不加分嗎？

合宜的禮還包括與女士同行的方位。我在大學教課時，很喜歡引用的例子是一男二女同行，或一女二男同行時，男女該如何走法？因為題例新鮮有趣，而且如腦筋急轉彎的測驗，同學們莫不聚精會神的猜。

答案是：前者之一**男不可以走在二女之間**，否則任何一位女士說話時，他無法同時兼「顧（看）」兩女，因此他要走在兩女的外側，靠近馬路的一邊。至於後者的一**女就要走在兩男之間**，不僅受到保護，而且她說話時，兩位男士都可望向她。這兩種截然不同的行進禮儀，其實是尊重女士（Lady First）的表徵。

相類似的禮儀也表現在上下樓梯；**上樓時，女士在前，男士在後。下樓時，男士在前，女士在後**。這些禮儀聚焦於保護的精神；試想，下樓時如果女士在前，在後的男士如果不小心踏空，必然衝撞前面的女士，後果將不堪設想；因此，女士下樓時，宜在男士之後；真有狀況產生，前有強壯男士抵擋。

很多人不禁要問，這尊重女士又是如何緣起？很多習慣是留下來的傳統，有些我們可以上溯根源；可是有些我們是知其然，而不知其所以然。關於此項我查了一些資訊，但並沒有令人很信服的證據。有些人說這是古代穴居時期，當人們遭遇野獸攻擊時，喊女人們先找安全地方躲好之意；但也有人認為這是要女人出穴去引開野獸注意，好讓男人有機會去反擊。

古代至近代之前，女人是不太有地位的；古希臘早就有公民的民主選舉，但女人和奴隸是沒有公民權；一直到十九世紀，女人才被賦予公民權。古代男性沙文主義之風盛行，但男士出於顯示自身的良好教養與道德，對女士表達尊重確實存在。

我赴堪城之初，僑胞們大多不習慣由我這位女性處長付帳請客；其實我的處長頭銜加上女士身分，在外國人社會還算吃香，外國人總是顯現尊重女士的風度。當然我深知必須拿捏分寸，我不單獨與男士吃飯或會晤，我會偕同事前往，或是邀男士與其夫人、女友一起見面餐敘；如果不懂避嫌而引發耳語謠言，那可是會得不償失。

另外需注意，英文Lady First（尊重女士），千萬別顛倒用，First Lady指的是第一夫人，是總統、元首的配偶。兩者風馬牛不相干。

行進間禮儀顯現我們應對進退的功夫，禮儀使人與人互相尊重，且敬老提幼，形成良性循環，能使社會正向發展，其重要性不言可喻。

◎誰先進電梯？

我們常說禮多人不怪，尤其中國人古訓要禮讓，然而有時不免過頭，造成別人不便與困擾；最常見的例子是，一群人在電梯前，禮讓半天不進去，令已在電梯內的人，很是無奈，哭笑不得，只好大家空等，十足浪費寶貴時間，這並不合乎禮。禮讓**長官、長者、婦女先進電梯**可也，但是**同輩之人先到者先入內**，無需在電梯外讓來讓去了。

電梯是現代文明的產物，高樓大廈一定有電梯；不是高樓也有人設電梯，如果是方便年長而行動不便者，或有其必要；否則電費、保養費驚人。我在希臘服務時，原先的職務宿舍含地下室只有三層，希臘房東卻裝設了電梯。我不常下去地下室，上二摟我則寧可爬梯；我擔心萬一被困在電梯，可就呼天不應，叫地不靈的；因此那電梯被我當作貨梯使用，不過每個月保養費很貴，加上其他維護費，消耗太多，後來只好搬家。

在電力時常中斷或停電的國家，搭電梯還要留意安全。十餘年前我隨同長官到多明尼加考察，一行人吃完飯返回旅館，或許大家填飽肚子，多了不少重量，剛踏進電梯，電梯不往上升卻下降數公分後不動了；我們並未超載或超重，大家嚇得趕緊跑出來。

我和家人到法國旅行，在凱旋門前的旅館住宿；旅館電梯是迷你的僅容旋馬型，但我還是很感激；因為早年曾到中美洲，朋友帶我去爬馬雅祭壇，晚間才check in旅館，下車時腳已痠脹無力，孰知旅館無電梯，一、二樓房間客滿。我得拖著大行李爬上三樓，當時咬牙切齒的痛感至今餘悸猶存。

此外，進出建築物，大都需要推拉門。在台灣我們似乎沒養成習慣為身後的人按住門，尤其如果這扇門裝有自動彈回的裝置，前面行人進去後，門很可能彈回來而傷到或嚇到後面跟著的人。我在舊金山時，曾在舊金山州立大學修課，還記得一個寒冷的夜晚，我要進入教學大樓，走近時才發現前面先我而入大樓的一位美國同學，猶以手按住大樓的玻璃門，等著我入內才放手，讓我非常感動。當時外面風寒，他離我仍有幾步之遙，大可不必理會後面進來的我；但他展現紳士風度，為下一位進入者服務。其實大部分美國人自幼養成這種「利他」的好習慣；此後我也見賢思齊，並在課堂上告訴莘莘學子們當學如是禮。

我去了美國之後，才了解美國人大抵而言是有禮貌的民族。大城市街上行人來去匆匆，但仍可常聽到三大語詞：Excuse me或Sorry（對不起）、Please（請）；Thanks（謝謝）。這是行進間最常用的語言：不小心碰觸別人要說Sorry；要通過人群則說Excuse me；開口要求一定先說Please；別人為我們大大小小的服務，不忘道Thanks。

在美國時，我經常到公園散步，迎面而來的人總會彼此微笑並道早安；在台灣我類似的經驗是，到山上或沼澤賞鳥時，鳥友們會互相問好。我們大多數對陌生人有戒心，甚至於吝惜彼此問候。我到大學兼課向同學講述此節，沒想到竟能插柳成蔭；有一天系主任告訴我，同學們在地下室餐廳看到他時會問候了。

第5章

合宜的介紹，使雙方感受尊重

在很多場合，總會面臨自我介紹或是有人居間介紹，這「介紹」就是人際關係的潤滑劑，最大的功效是使雙方感受到尊重。在介紹時，要特別注意國際禮儀常用的「稱謂」，各國國情與文化不同，對稱謂也有不同的規矩，這些都要了解，在商務往來或日常交際應酬，才能更從容應對。

你做對了嗎？

在場很多人，從自己最熟識的人開始介紹給大家？

〇介紹三原則：將男士介紹給女士。將年輕的介紹給年長的。將低階者介紹給高位者。

介紹者在介紹我們時，將名銜或名字說錯了，為了避免介紹者難堪，不要當場糾正他？

〇為了避免一錯再錯，最好不要默不作聲，可用輕鬆幽默的方式解說，自己的名字比較容易混淆，來讓對方記得你的正確名字。

介紹的種類與原則

一九九八年我赴美國堪薩斯市，擔任駐處處長一職；上任時，同仁們隨即擬定行程拜會駐處服務轄區的政要、賢達。堪城辦公室編制不大，因位處美國中西部，轄區面積倒是很大；所轄的六個州，每州面積都有台灣的六、七倍大。我有三位同事，每位負責兩個州，各自擬定拜訪計劃。他們非常盡責，考量辦公室經費有限，轄訪須作最有效的利用，因此行程滿檔，除了拜訪政界、拜會智庫、NGO（非政府組織）團體、各大學，接受媒體訪問、晚上還和僑學界會面。有的拜訪單位會事先要求看我的履歷，有的只問洽談的議題。

有幾次我和同事到拜訪單位去，對方看了我及同行高大帥氣的男同事，經常誤認他是處長。這時我會微笑上前，自我介紹姓名與職銜；對方立即尷尬道歉。我則說：「呵，沒關係，我的辦公室之前確實都是男性處長。」大家一陣大笑，拜訪就在這種歡悅氣氛中順利進行。

◎令人印象深刻的自我介紹

在很多場合，我們都會面臨自我介紹；例如參加大型聚會，主人或主辦單位要求自我介紹；或者參加人數眾多的酒會，主人不認識我們時，一定要簡單自我介紹一番，但不能太冗長，因為其他人也等著要和主人說話。

我記得前外交官夫人鄭麗園女士在她的一本書中，提到胡志強先生任職華府時的一段自我介紹趣聞，不僅幽默，且適時地轉化原本弱勢的地位；有一次美國公共電視「火線」邀請有「美國外交教父」之稱的前國務卿季辛吉與胡志強先生進行一場對話；胡志強先生知名度自然不及名滿天下季辛吉，不過胡先生巧妙以自己的姓氏開個小玩笑，倒使局勢逆轉。

他先自我介紹：「You do not know who I am, do You（您不知道我是誰吧）？」

「I am Hu（Who）, Dr. Hu.（我姓胡，胡博士）」

妙的地方在於英文字的「胡（Hu）」及「誰（Who）」同音。

「When I call someone on the telephone, they say, Who is it（當我打電話給某人時，他們問「誰」打來）？」

「I say, This is Hu. They say, Who？（我說是Hu，他們以為我開玩笑，再以懷疑音調說Who）」

「I say, Hu, Jason Hu.（我說 Hu, Jason Hu.）」

他的這番自我介紹，當場搏得滿堂采，也加深別人對他的注意。

我駐外時，以國家形象的推銷員自居，無論是推銷台灣的優良產品、美麗山水、或者自由民主、善良勤奮人民等等，我有責任讓更多人知道。為了達到目的，必須增加自己的曝光度，所以對於各界邀約我都儘量參加。我的過往經驗，通常在這些活動會場，看到的大都是陌生人；我除了向主人致意外，也會主動和陌生人打招呼，先說說天氣，如果對方似乎有興趣和我續聊，那麼我就會自報姓名與職銜，再談其他事情。參加活動，最好不要像瓶花杵在一旁。

有時我應邀參加大型正式的餐會，有數十桌的陣容；在國內，通常是認識的人坐一起；但在國外，我往往被安排與陌生人同桌；貼心的主人會在桌上放名牌，所以至少我還知道左右鄰座者的名字。依照國際禮儀，通常是男士們先開口自我介紹，但萬一遇到不上道的男士們，如果我們再固執死守原則，豈不枯坐無聊？因此，我也會向鄰座點頭示意，鼓勵開口說話，通常都會得到正面回應；接著彼此自我介紹，尷尬場面就能化解了。

西方人排座位大都是男女分座；合乎禮的做法是，宜與兩鄰都交談，而不應獨鍾某人，致冷落了另一邊。

◎居間介紹

在許多場合是有人居間介紹的。在國內，我們或許並不在意一些重要的介紹原則，但在歐美國家，講究人際互動，社交禮儀，「介紹」是人際關係的潤滑劑；一旦有魯莽的舉止，往往產生反效果。在外交禮儀上，更須留意，絲毫錯不得，以免傳為笑柄。

我擔任禮賓司司長之後，介紹外賓是家常便飯；只要是國賓來台訪問，我就必須要到機場接機。如果來的是友邦元首，外交部長也要到貴賓接機門口等待；有時候總統也會在機場貴賓室迎接國賓。

美國內布拉斯加州（Nebraska）前州務卿居間介紹作者（左二）。

而我去迎接時要經過延伸艙走道，看著飛機緩緩停靠延伸艙邊；我抓著延伸艙道的把手，體驗艙道銜接飛機門的霎那。機門開啟後，我須再走到機艙門邊等待來訪的國賓；如果是首次見面，就要自報職銜與名字；如果曾經見過面，就握手或擁抱行禮。然後引導國賓到貴賓接機門口，這時部長及迎接者已排列等待；這時我需一一介紹部長及其他人給國賓；之後所有人再一起前往貴賓室。如果總統也前來接機，則我需再介紹國賓給總統；之後雙方元首才握手或擁抱，寒暄談話。

我們為歡迎來訪的外國元首，都會舉行軍禮儀式；這是盛典，由總統陪同友邦元首校閱三軍儀隊，並施放禮炮。禮賓司司長也要正式將訪問團團員介紹給我國元首；再將我國官員介紹給友邦元首。對我而言，這是一項榮譽的工作，因此我特別小心；名銜一定要唸對，英文及西班牙文難不倒我，但是法語發音可就困難多了，介紹之前總要詢問懂法文的同事，惡補一番。

另外一項重要的介紹是在國宴前的「唱名介紹」；國宴前，我須要一一唱名來參加的賓客，此時賓客與友邦元首握手，再入席；這是為了讓友邦元首知道在場的賓客，也是應有的禮節。

這些是大禮官的介紹，與我們平常的居間介紹實為異曲同工，其差異處僅在官式或非官式，但介紹的功效都相同，務使雙方都感受被尊重。

介紹有三大原則，在國際上往來的人士不能忽略一些適切且細膩的介紹方式，我們最好也了解如何以外語介紹，因為有可能遇到介紹外賓的機會。

◎介紹三原則

將男士介紹給女士：

例如：楊女士，我想介紹黃先生認識您。

英文為：Ms. Young, I'd like you to meet Mr. Huang.

將年輕的介紹給年長的：

例如：黃教授，我想介紹小兒認識您。

英文為：Professor Huang, I'd like you to meet my son Howard.

將低階者介紹給高位者：

例如：林牧師，我想介紹王小姐認識您。

英文為：Minister Lin, I'd like you to meet Miss Wang.

以上要注意的是，第一個原則將男士介紹給女士，如果男士是國家元首、皇室人員、教會宗職人員、高職位的長者，就必須調整為將女士介紹給上述人員。這三原則乍看似乎有些複雜，但本質是尊重女士、年高德劭或位高責重者；簡言之，**介紹時先提這些「重要人士」的名銜，再說被介紹者的姓名**。

介紹自己配偶時，宜謙辭說「外子（丈夫，My husband）」，或「內人（太太，My wife）」；而不是逕稱某先生或某太太。雖然兩岸三地同用中文，稱呼卻大不同；比如，中國大陸在公開場合均稱自己太太為「夫人」，或許他們認為這是適當的稱呼，而在台灣，「夫人」二字是對別人的尊稱，而非自稱。

我們還要注意不能任意叫別人名字，以免失禮。我在外交部三十餘年，通常介紹我，都會介紹我的官銜與名字；我為了拉近雙方距離，建立友誼，和對方握手後，會說：「叫我伊麗莎白就行（Please just call me Elizabeth）。」Elizabeth是我的英文名，也是西方人所稱的First Name。美國人喜歡以First name稱呼彼此，但初次認識，除非對方表明可以逕呼其名，否則該有的稱謂還是不能省略。美國的友人很樂意如此稱呼我，因為中文發音對他們而言太難；這招也讓我交了很多朋友。在歐洲情況稍為不同，一些固守傳統的老先生、老太太仍稱呼我大使或朱女士；可知First Name（名字）並非可以隨意稱呼的。即使在美國，除非是辦公室的慣例，不可直呼上司的First name（名字）；除非顧客希望被如此稱呼，否則不可直呼顧客的First name；另外也不可直呼非私人朋友的專業人士First name，例如醫師、律師等。

外國人細膩的介紹方式，非常值得我們學習。在我的過往經驗，就經歷過很細緻、貼心的居間介紹。我在堪城任內，每年都有機會陪國內出訪的長官，參加美國一個知名智庫的研討會；有一年是以餐會的形式進行，由各個資深會員擔任各組主人；我被分到李潔明先生（James R. Lilley）這一組。李潔明先生是唯一做過美國駐台及駐中的大使，他親切地用中文問候我；我稱讚他的中文好，他謙虛的說已快忘光了。他知道我不認識在場的美國人，於是領我到一個聊天的小團體，介紹我給這些人；然後又去招呼陸續來的客人。這是歐美人士常用的方式，如此，就不會使其中一個人落單了。

◎被介紹後的應對

當我們**被介紹時，要看著另一方，溫馨地握手致意**。這時可重複一次對方的名銜，既幫助自己記住對方姓名職銜，也表達我們專注的神情。

例如說：「黃博士，幸會幸會。」

英文是「Hello, Dr. Huang, it is a pleasure to meet you.」或「Hello, Dr. Huang, how do you do?」

萬一介紹者在介紹我們時將名銜說錯了，不可表現出不悅的樣子；但也不能默不作聲，以免一錯再錯，此時可表現輕鬆的樣子，輕描淡寫的說：「啊，我知道我的名字容易混淆，我的名字是伊麗莎白。」英文類似例子：「I know it is confusing, but my name is "Dustin," not "Justin."」

其實並不是任何場合都需要一一介紹，在大型的會場，主人不必一直為不認識的賓客做介紹，因有些主人的身分地位較高，他不見得記得或認識所有賓客的名字。比如，有一年，保加利亞前總統哲列夫先生邀請我參加一場區域座談會，應邀到場的貴賓都是我很想認識的人，但基於禮節，我不便請他一一為我介紹；他卻很週到的主動詢問我，並找適當時機替我引介。我回台一陣子了，與哲列夫總統的友誼仍時在念中。

要注意的是，當人們在談話時，千萬要有耐心等候別人結束談話，不可逕行插入介紹，才合乎禮。比如，我在會場看到目標人物時，我會趨前，但仍保持距離，等到他與別人對話結束，並發現我一直站在旁邊，轉頭向我致意時，我才自我介紹。

「稱謂」茲事體大

我在外交部的第一個工作是在禮賓司的典禮科，業務範圍包括慶賀友邦或友好國家的國慶日。前輩告誡我們這些新進小兵，無論與外賓說話或撰寫文稿，都要特別留意「稱謂」；不僅人名要寫對，國名也不可弄錯。面對貴賓或與他人談論到貴賓時，也都要使用正確的稱謂。曾經有位同仁草擬慶賀西班牙國慶日電報稿，打字時出現「西班牙共和國」，這個疏失層層批核，都沒人發現，直到電報出去，錯誤才被發覺；西班牙至今仍是「王國」；這個嚴重疏失當然使此事所有相關人員都受處分，也警惕我們撰稿時要更細心仔細。

我後來又遇到一次類似的狀況；那次是我以

哲列夫總統（Zhelyu Mitev Zhelev）曾於二〇〇七年來台發表他的大作《法西斯主義》的中譯本。這本書使用對比分析，比較德國希特勒、義大利墨索里尼、西班牙佛朗哥將軍等三大獨裁政權。他曾告訴我，他的手稿完成於一九六七年，一直到一九八二年才出版，上市三週即遭保加利亞共產黨列為禁書並沒收，但已有六千本流通於民眾手中。此書出版社的編輯被開除，發行人被迫解聘大學院長一職，他自己也因此丟了工作。當時還沒有人得以預測一九八九年共產黨從歐洲解體。他於一九九二年至一九九七年擔任保加利亞總統，與波蘭華勒沙總統、捷克哈維爾總統齊名。

禮賓司司長的身分陪同史瓦濟蘭國王一同拜訪某企業。這位國王十八歲即王位，至今已統治三十餘年了。他多次來台訪問，每次帶不同的王妃；因為他可在蘆葦節選妃，至今大概有十四個王妃了。有台灣訪問團參加過蘆葦節，據他們的轉述，現場竟然聚集了一、兩萬名女孩一起跳舞，且幾乎是裸空上身的露出胸部，下身也只遮以少少衣服；參訪團的團員們全都尷尬不已，震驚的場景令他們回國後，仍久久未能忘懷。

我陪同史瓦濟蘭國王到達該企業的總部時，一位長官好意前來陪同，於是企業董事長邀該長官上台致辭。這位長官滿腹經綸，口才辨給，說話時鏗鏘有力，我們在台下肅然聽講；突然聽到「史瓦濟蘭共和國」；我嚇一跳，遲疑一下，眼見該長官即將結束致辭，接著翻譯官就要翻譯了，我趕緊悄悄離席，儘量不引起他人注意，繞到翻譯官旁，輕聲地說：「請翻譯為Kingdom of Swaziland（史瓦濟蘭王國）。」幸好現場的外賓沒有發現這一段插曲，總算

蘆葦節（Reed Dance）是史瓦濟蘭王國盛大的傳統節日，每次持續七天之久，全國少女們齊聚京城，手持割好的四尺高的蘆葦送給國王的母親，以修復冬天時遭大風吹落的屋頂茅草。至少有二萬少女們參加，國王通常在最後一天來臨，有時候他會利用這個機會，挑選喜歡的少女為妃。

有驚無險。

國名不能念錯或寫錯，外賓的稱謂也必須正確，尤其在高官雲集的場合，更須留意國際禮儀常用的稱謂；同樣的道理，在一般商務會議，也必須小心不要念錯來賓的名字或公司行號，否則貴賓不僅暗中不快，而且可能引發輕視心，不可不慎。

歐美對稱謂亦有不同態度，美國人一向標榜平等且不拘小節，很多公司老板要求員工直呼其名；甚至有些家庭中，子女逕呼父母之名，父母亦不以為意。我在美國工作多年，仍無法接受這種子女逕呼父母之名的稱呼法；尤其我們受過儒家教育，這簡直目無尊長。

對於一般人，美國人會用適當的稱謂，在姓氏前冠以Mr.（先生）、Mrs.（夫人）、或Ms.（女士）。若不知道姓氏者，他們也會有禮的稱男士Gentleman 或Sir（紳士）；稱女士Lady或Madame（女士）。但要注意Man（男人）或Woman（女人）不可以逕用於稱謂，這是極粗魯無禮的事。

有些美國人喜歡用縮語，初次乍聽之下，會令人頗為錯愕，我就曾因此差點鬧了笑話。舊金山因為市區小，市政府為了限制進市區車輛，除了積極發展大眾運輸系統之外，還徵收高額停車費，果真奏效，我們在舊金山不輕易開車進市區；也因此，舊金山是美國少數大眾運輸系統發達的城市，舉凡地下鐵、火車、公車、電車、地上纜車等都在市區或周圍繞行。一九八九年發生八級強震時，很多橋斷了，公車無法行駛，幸好在海底下的地下鐵軌道未被震壞，還維持了奧克蘭與舊金山市之間的交通往來。有天我好不容易擠上塞滿下班族的公車，那位壯碩的女黑人司機，希望我往車裡面走，就對我叫了一聲「Mme」；她的發音很像「Man」，但是我相信她不致男女不分，於是我問了別人，才知這是Madame（女士）的簡稱。如果不是生活在當地，還真弄不清楚這些簡稱或俚語呢。

◎歐洲文化的稱謂

歐洲人有文化傳承，又有許多的王公貴族，對稱謂非常在意；例如英國王室，不僅歷史悠久，而且出了幾位有名的女王。現任的伊麗莎白二世女王在二〇一二年慶祝就位六十周年（Jubilee），她受人敬重，在位期間經常到世界各地訪問，尤其常到大英國協的國家作官式訪問。對伊麗莎白二世女王的稱謂，在任何時間都必須是正式的。接待女王的國家，在新聞聲明中提及「歡迎女王陛下」來訪，必須用Welcome Her Majesty Queen Elizabeth II 。她的臣民、各國領袖或民眾和她面對說話時，不能直稱「您」，而必須加上稱謂「Your Majesty（陛下您）」，也就是說對於國王或女王，間接提到他或她時，必須稱His Majesty或 Her Majesty，如果是直接對話就要稱「Your Majesty.」。

知道這項規矩對我很重要，因為每次接待史瓦濟蘭國王就會派上用場。通常我到機場去接他時，見了他第一句話就是：「Your Majesty, welcome to Taiwan（國王陛下，歡迎來台灣。）」我和史瓦濟蘭的禮賓官商量禮賓細節，提到國王時，我們彼此都會說「His Majesty（陛下）」，**英文一定要很清楚的加上所有格**。

英國曾有無數的屬地，幾乎遍及全球，有「日不落國」之稱，我當年派駐的聖文森也是大英國協的一員，所以有代表女王的總督，雖然是榮譽職，但也必須是在該國受到人民尊敬的人，才能獲得女王同意出任此職。我是到了聖文森之後才了解，原來受過女王冊封的爵士，頭銜有Sir（不同於美國對一般人的尊稱Sir），所以要稱呼爵士時，必須加上他的名字，例如Sir John, Sir Vincent等，而不是像Mr.之後直接說姓氏。當然可在Sir John, Sir Vincent之後再把姓氏列出來。我在聖文森派駐多年，因而和總督一家人都熟悉友好；我和總督熟識後，也學當地人稱呼他「GG（Governor-General的暱稱）」，當然在正式場合我還是稱他的爵位名或總督正式銜。這位慈祥和藹的總督還曾親自駕遊艇，帶我和我的好友公筱珍一起到外島玩。

歐洲王室很注重繁文縟節，尤其稱謂更不能出錯；有一回，我陪同史瓦濟蘭國王拜會總統府，抵達會客室時，我依稀聽到有人說「Your Excellency（閣下）」，我心裡一愣，趕緊走到前頭引路，並對國王說：「Your Majesty, this way please。（國王陛下，這邊請。）」

在一般國家，Excellency（閣下）的字義很廣，上自總統、總理、部長、大使等官員，都可以稱呼Excellency。用法也是間接提到他或她時，必須稱 His Excellency或Her Excellency；如果是直接對話，就要稱Your Excellency。

在演講的正文前，通常必須向在場重要貴賓致意；我在美國時，和大部分的演講者相同，總是以「Ladies and Gentlemen（各位女士、各位先生）」做開場白。但是在加勒比海區域，就必須尊重當地繁瑣的儀式禮節，即使只是說幾句話，都得提及在場的每一個官員或大使的稱謂及姓名，否則就失禮了。我剛上任時，仍然以「各位女士、各位先生」開場，一、兩次後就自然入境隨俗了。更有趣的是，我的英文被他們影響，居然還帶了聖文森腔調，直到離開後，那腔調才消失。

在聖文森時，聖國的官員或民眾有的稱我「Your Excellency（閣下）」，有的直接叫我「Madame Ambassador（大使女士）」；和我比較熟的人就直呼我的英文名，但是在正式場合，他們提到我時，還是中規中矩的連同稱謂、職銜及姓名，長長的一串，完全說出來：「Her Excellency, Madame Ambassador, Elizabeth Chu.」因為聖文森可是學習曾為其母國的英國禮俗啊！

對於一般民眾，男的稱Mr.，女的稱Mrs.或Ms.。不過西方人對於東方已婚女士稱Mrs.時，往往誤用姓氏，這是我們該留意的，以免在重要文件誤植了。西方國家在Mrs.之後是加上夫姓，但很多東方女性婚後未冠夫姓；當我們告訴歐美人士我們的姓名，如果他們知道我們是已婚婦女，自然會稱呼Mrs，而不知那不是夫姓。

有次我和一位美國朋友聊到冠夫姓的事，她對於許多東方女士婚後不冠夫姓感到訝異；我也有一些美國朋友離婚後仍冠著夫姓，更讓我訝異呢。其實東西方最大的差異是在姓氏的排序，因此稱謂對了，卻將名字誤以為姓氏，這個問題永遠會發生，而且無解，這是深根蒂固的文化差異所致。西方的姓是排在最後，所以英文是Last Name或Family Name；而名字排序在前，英文是First Name；有時候，他們有兩個名字，第一個名字當然是First Name；其後的名字排序在中間英文是Middle Name。

不過這個規則並不適用於西班牙語系的國家，因為西班牙文是把父姓與母姓併列，父姓在母姓之前；名字之後是父姓，父姓之後則是母姓。因此，我在禮賓司時，每次接待來自中南美洲的客人，都會特別注意來賓的名字、父姓、母姓，深怕弄錯而有失禮儀。

等到我調往希臘服務，姓名與稱謂再度成為我的夢魘。希臘文是眾所皆知的難學，而書寫時的稱謂，與說話時的稱謂又不同。這稱謂問題，在學習希臘文一段時間後，總算不成問題；但是記住希臘人的姓名一直困擾著我，希臘人習慣祖孫同名，因此全國有一大堆同名字者；提到某人時必須連名帶姓，否則對方不能確認到底是叫誰？偏偏希臘人姓氏又長又難念，有時三個子音合一起，真不知如何發音；而且已婚婦女冠的夫姓，字面還要變成所有格的姓氏。這時，我一定先向對方說抱歉，然後不恥下問地請對方示以正確發音，既解決問題，也加深對那人的印象。

中國人的家族體系稱謂龐大複雜但很明確，西方雖簡單但不易明白；例如英文的First Cousin是指堂兄弟還是表兄弟，就必須追溯是父系還是母系。我們不必成為禮儀專家，但是對「稱謂」有基本的認識，可以增進我們的常識，在地球村的今日，往來頻繁，萬一真遇到了本文所提及的各種場合，就可派上用場了。

名片是人脈管理的良方

我進外交部後，總務司為我們印製名片，那是我生平第一張名片；除了國民身分證外，這張名片顯示我的第二種身分，當時我小心翼翼收藏著；後來隨著內外互調，工作頻繁調整，我的名片已不知換印過多少次了。當我被任命為聖文森國大使後，因為我在當地電視畫面出現的次數僅次於總理，所以聖文森人大多認得我，因而使用名片的機會反而少了。有一次我和同仁到聖文森首都市區採買辦公室的家具，當時我們帶的現金不夠，我向家具店的店員說，運送來時我們會付尾款；他立即點頭，他說他認得我。後來調任回國成為禮賓司長，往來的單位大多知道或聽過我的名字，因此也不常交換名片，只有公務出國時才用得到。

我們要很自豪的說，「名片」可是源自我中國的老祖宗呢！古代自秦始皇統一後，咸陽成了全國的中心，他分封各地諸侯。這些諸侯定期進京述職，於是拜訪者把名字和介紹語詞刻寫在竹片或木片上，做為給被拜訪者的見面介紹文書，即所謂的「謁」。直到東漢紙張發明後，才稱為「刺」；日本人至今仍稱名片為刺。這「謁」或「刺」發展到宋朝，出現另一種用法，在新年之時，由傭僕持「刺」代往賀節。

十七世紀「刺」傳入法國，在國王路易十四引介之下成為流行的拜訪卡（visiting cards, or calling cards），拜謁的對象是男士或女士均可；愈是高職位或富有者，其拜訪卡愈是精緻秀麗。之後又有英國商人模仿此卡，將商店名字及照片印在卡片的一面，背面則印上路線圖，這是具廣告功能的貿易卡（trade card）。在十七世紀尚未有市區地圖、街道名稱、報紙廣告之時，貿易卡扮演引導顧客上門的重要功能。逐漸地，這兩種功能的卡片融合成現代的名片（business card），外型小了一些，也不再有豪華裝飾，但外觀與內容卻是更多元與多彩。

現代名片的內容刊登個人姓名、公司職務、電話、公司或產品的商標、公司網址與電郵地址等，有的也會列統一編號（tax code）；有的還印上照片，希望能讓人加深印象；有的則把主題印在名片上，讓人一目了然，例如鳥迷或鳥類協會成員，就會印上鳥類圖片。有些人在名片上印上密密麻麻的職銜，深怕別人不知他是誰。

東方人遞名片時，大都用雙手奉上，顯得誠意十足；西方人則很瀟灑的自名片夾抓出一張遞給對方。有趣的是，如果是我先遞名片，對方見我雙手奉上，他們有的也會現學，還說他們學到了「禮節」；這是以身作則的好例子。

接收到名片後，一定要禮貌地看一下名片上的名銜。我在希臘時，接了名片之後，一定會試圖念一下名字；並請對方糾正我的讀音，就怕那長長一串字母的姓氏，加上幾個拗口的子音連一起，必然讓我的舌頭打結。這種重視對方的舉止，可避免發音錯誤的方式，又讓對方印象深刻，不失為上策。

有些人記名字的功夫了得，除了天資聰穎、記憶超強之外，其實還是有方法的；以往我觀察長官在宴客時，將交換來的名片依各人座次方向鋪排在他的桌前，就可以快速記住首次見面的客人名銜。等我自己當宴會主人時，我也依樣畫葫蘆，果真對記人的功夫大有幫助。

收到的名片不應只是躺在名片盒裡的靜物；相反的，名片可以幫我們建立良好的人脈。早期電腦尚未普及時，良好的名片記錄、追蹤、補遺是建立人脈的基本功夫。我所知道的外交圈裡，最具這項真功夫的，非我的老長官錢復院長（曾任監察院長）的夫人錢田玲玲莫屬，她平易近人，希望別人稱呼她「錢太太」或「田阿姨」。她是我崇拜的偶像：美麗能幹、有智慧、高EQ、耐力一流、更有著無比的愛心。這些稱讚的詞語是所有認識她的共同看法；更有人說我們能想到的美好形容詞都能用在她身上。在她所寫的《優雅的智慧》書中，她自謙的說她只是半個外交官；事實上她所做所為絕不輸一個訓練有素的外交官，而且恐怕有過之而無不及。

她是學圖書管理，運用到名片的管理，為錢院長的廣泛人脈打理的更深入。我們見識過錢院長驚人的記憶力，他是連小秘書名字都記得住的長官；田阿姨的名片管理術更讓他如虎添翼，為我國的外交建立了汗馬功勞。

田阿姨不藏私，她不吝於公佈這個人脈管理的法寶；她收了名片後，會把對方的主要資訊，例如：職位、學經歷、配偶名字、家庭成員、接觸的時機場合、飲食習慣、嗜好、甚至曾經送過的禮物都詳細登錄；她累積多年名片資料，經常更新，尤其她是在無電腦輔助的時代，親力親為，掌握最新的資訊。她也一再提及要有耐性、毅力、不怕煩，是能做到的關鍵。她的這番真功夫，不知讓多少中外友人窩心感動過。他們兩位展現關心友人的具體作法，也為我們示範如何經營細緻的人脈。

她這番功夫放諸各行各業都會是優異的人脈管理方式，尤其現在又有各種科技產品的輔助，比之她當年的辛苦以人工做資料處理，應更為容易。另外，她還透露一些記人的小秘訣，例如，在名片上註記此人的外型特徵：高或瘦、有無戴眼鏡、面貌類似某名人等等來記住這位人士；下次再見面，不僅能認出對方，且能交談的話題也多了。

她也利用名片上列的重要資訊，在交誼場合贏得朋友歡欣；例如她曾記錄某貴賓特別愛好哪一道菜，當再度邀請這貴賓吃飯時，同樣準備了那道菜，並告訴那貴賓因為上次他表示喜歡，所以再做一次讓他品嚐。我可以想像那位貴賓聽了之後，面露驚訝而後佩服，再心折的表情。

今天我們服務業當道，講求客製化（Tailor-made）的親切服務，田阿姨的這種名片管理術，正是用來建立人脈，進而管理人脈的良方。

第6章

好溝通展現說話藝術

在各種場合說話都要三思而後言，尤其不宜詢問關於隱私的問題。懂得說話的藝術，能為自己的專業加分。看不見對方的電話溝通更要注意細節，聲音情緒絕對會傳到電話另一端。面試則是高難度的溝通，在有限的時間裡要傳達個人特質，除了要注意第一印象的外貌與行為舉止之外，更要加強內涵的表達。

你做對了嗎？

一想到有話要跟好朋友說，抓起電話就打，很少顧慮到時間問題？

○即使是好友也有不方便接電話的時候，比如太早、太晚或吃飯時間都不適宜。如果是跨國在不同時區，更應算對時間，免得擾人清夢。

得體的說話之道

美國最有名的諧星鮑勃霍伯（Bob Hope）是個有天賦的幽默大師，只要他出場張口說些話，就會引來哄堂大笑。美國人特別喜歡有幽默感的人，這些人談吐不凡，講話語調令人聽了舒服，善用雙關語，精於觀察，說的話也許不重要，但人品風采讓人興趣盎然。例如，鮑勃霍伯只是說「今天下了一場雨，而且明天也可能會下雨」，就讓在場的人笑翻天。

幸好我們大多數人的交談，並非要機智口才或句句珠璣不可，天賦好或許很會說話，但滔滔不絕、口若懸河的人讓人無法插話，會被認為是喋喋不休、逞口舌之能事。反之，經常沉默無語的人，會使人覺得沉悶無聊，兩者都不受人歡迎；中庸之道才是正辦，說話要得體才合乎禮。

我有一位同事，自認為甚有家學淵源且口才辨給，但是和他交談，我們只能洗耳恭聽，絲毫沒有對話的機會；而且話題永遠離不開他本人或他的家世，同仁戲稱他有自戀傾向。

我自幼膽小如鼠，不敢在人前說話，經過多年歷練，才敢在台上自然訴說。我曾向國內外友人提及這過往事實，卻無一人相信，還嗤之以鼻，當作我在講冷笑話；因為他們所看到、認識的我，早就習慣在眾目睽睽或鎂光燈閃鑠之中神色自若地侃侃而談，他們當然難以相信我這番說辭；不過這也證明了說話是可以訓練的。我們參加各種社交場合，是拓展人脈的良機；如果內向或害羞的人，一定要努力設法練習膽識，接受考驗，才能突破自己的障礙。

有若干方面是可預作功課的，例如，要先了解去參加社交場合可能會遇見那些賓客，以及賓客的背景，可能交談的話題等；這些都有助於你快速融入這場活動。參加外國人的社交活動，只要本著誠心友善，大致可以獲得不錯的回應，因為彼此會想到對方是外國人，反而比較有同理心，不易因言語而誤會。

不過即使與外國人或任何不熟識的人交談，還是要注意禁忌的話題，比如，別輕易提政治、宗教議題，因為這些容易有爭執；或詢問隱私，如婚姻、薪資等；聊開了若不小心觸及個人家庭，那麼頂多只問「Do you have family（有家人嗎）？」；如此，回答者才不會有隱私被侵犯之感。安全的話題是天氣、運動、飲食等。

◉稱讚也有文化差異

在稱讚對方時，也要注意文化的差異；比如，台灣人習慣問人家所買物品的價格，「這一件衣服好漂亮！多少錢？」但這樣的問話對外國人來說，是唐突且不禮貌的。又如，台灣人習慣品頭論足地說「你有一雙美腿」，但這樣的稱讚對外國人來說，卻是不登大雅之堂。

得體的說話也不能自顧自講己身有興趣的話題，尤其中國人總喜歡談論兒女如何優秀，講到興奮時，常忘了對方是否感興趣。我經常被這類話題疲勞轟炸，又不便表示聽累了；只好一再做個禮貌的聽者，也提醒自己絕不可患相同毛病。

我在職場感慨良多，深深體會做人比做事難，說話更影響了為人處事，在各場合說話，要三思而後言。我的經驗是，處理本國人事務，無論是對國人或僑胞，雖然相同語文，卻說者無心，聽者有意，如果產生誤解，日積月累，又未適當釐清，好友亦可能變仇敵。尤其我們在受到刺激衝動時刻，一定要自我訓練控制，要思而後言，否則後果不堪設想。我自己就遇過一事，事後一直抱憾；那是我在經貿事務司服務時，第二年升任科長，有位同事是別科的科員，我們曾相處的不錯；因她負責綜合業務，為了彙整資料，經常得催促各科同事繳交文稿給她。有陣子，我忙昏了頭，在她屢次來催稿時，竟然抱怨她。一段時間後，我發現她已疏遠我了。我反省再三，真是口未擇言所惹的禍，我雖試圖彌補，但我們終究未再恢復先前友誼。

古今中外對於「禍從口出」的告誡，不勝枚舉。至聖先師孔子在《論語・憲問篇第四章》：「邦有道，危言危行；邦無道，危行言孫。」這段話就是在勸告我們明哲保身之道，意思是在國家清平盛世，我們行為正直，說話可以據理直言，但在政治黑暗時，行為仍應正而不卑，但說話要謙遜小心，以免大意肇禍。

各宗教也要人們修行慎言，以佛教為例，有所謂「五戒十善」，其中之十善與說話有關的就有四善：不妄語，不說狂妄之語；不兩舌，不向兩邊說是非；不惡口，不發粗獷惡言；不綺語，不花言巧語；無非就是要三寸不爛之舌收斂些，做到「非禮勿語」。

上述都是我當館長時的戒律；僑界總是有派別的，因此偶爾會來向我訴苦或抱怨，如能勸解，我會試著當和事佬，如果積怨已深，我無能為力，那我就嚴守不兩舌戒律，不評論，更不轉話；否則衍生波瀾，問題就大了。

◎三思而後言

我們期待有良好的溝通，唯有發自真誠的話語才能服人。在我的服務歲月中，經常有許多棘手工作，我的經驗顯示誠心常能使問題迎刃而解。我第一次外調到舊金山擔任領務工作，猶記得遇上天安門事件，大陸留學生避逃至美國，到我服務的辦公室，要求發給護照或證件。當時礙於規定或遇無法判斷真偽的訴請，有時必須給予否定的答覆，讓我相當為難。我一再提醒自己，必須以真誠態度與委婉的語氣告知對方；看到對方失望的眼神，自己亦難過不已；但是肩負把關責任，難以兩全。

我擔任過很多年的領務秘書，因而嫻熟領務法規，每遇僑胞不滿櫃檯人員的服務時，我出面緩頰，接過這些爭執案件。有些案件確實不易解決，但是我願試試；我的誠心往往能先化解眼前糾紛，畢竟服務工作首重誠懇態度與真摯話語。難得的是，因為這些爭執案最終得到解決，僑胞與我也成為好友。在我專業領域裡，早早就有了與僑胞互動的經驗，學習以同理心落實於服務工作，對於日後我擔任辦事處館長，多層面處理既是僑務又是洋務時，發揮了功效，也創造了雙贏的局面。

說話既是溝通良方，也是一把雙面刃；就如同水可以載舟也可以覆舟。大部分人都知道話的重要性，但未三思仍會脫口而出，以致後悔不已。台灣企業家第一代豪邁、霸氣、敢衝；第二代自幼被教導謹慎低調，工作上仍顯現豪情，但發言作風顯有不同。我曾讀過一篇專訪長榮航空董事長張國煒先生，記者觀察張先生對於任何問題總是停頓一下後才回答，其三思而後言的謹慎態度值得學習。

我們過鐵路平交道時，會遵守「停、看、聽」的安全守則，訓練說話也可以「停、看、聽」做為準則：「停」——**不要急著發言**，以免發言方向不對；「看」——**注意聽者表情的變化**，話題勿使人感覺疲乏；「聽」——**傾聽是正確溝通的首要條件**。這三件事以傾聽最重要，也是大多數人不易做到的習慣。許多人急於表達，卻未完全清楚別人的提問，以致答非所問。

我曾經在外館與這類型同事共處而困擾不已，我雖身為館長，在我尚未表達清楚前，這些同仁已迫不及待回應，當然也非我想要的答案。每次提醒應等對方說完話，並了解後再回答；無奈江山易改，本性難移，許多人還是依然故我。如果我們在小的時候就受過訓練，將來長大就可以免去這種惱人毛病。

說話是一項藝術，因此遣詞、用句、語調、肢體語言都有自我訓練的空間。年輕朋友花些時間加強說話的技巧有助於日後的事業。尤其現在是服務業當道，講究雙向溝通；公關人才也廣受歡迎。懂得說話的藝術，能為自己專業加分。

看不見對方的電話溝通

我在舊金山當領務秘書時，辦公室業務最令人頭疼的是，僑胞與處理業務人員的言語爭執；櫃台人員忙碌處理收件的同時，還要接聽電話，口氣稍微急促就容易引起聽者不滿；接著雙方話不投機，爭執就產生了；後來只好決定改由領務秘書接聽電話。但偶爾還是產生問題，可見電話溝通之不易，未見容貌，只聽聲音的溝通是須要經過訓練的。

美國人的電話禮貌讓我印象深刻，他們無論聽到的是何種音調的洋涇邦英語，總是耐心聽，熱心回答；讓剛踏上異邦生活有諸多事項處理的我感到溫馨滿懷。後來漸知美國人對於接電話總機要求極高，因美國地大物博，在網路興起前，電話行銷是服務業的主要方式；一般顧客除了到百貨公司等有實體物件的商店選擇商品外，對於看不到商品的服務，例如保險、申辦信用卡等事項，很少直接找上門，大多數靠電話聯繫或傳真。顧客即使在實體商店買了物品，售後服務也是靠電話聯絡；因此他們不僅訓練總機人員，更培訓接聽電話員工，**發音要清楚，聲音要溫和清晰，臉上更要戴著笑容或同情的音容**，彷彿真的和通話者面對面似的。

我曾經看過這麼一句話，「總機的聲音必須甜如蜜，讓顧客歡喜滿意，生意才做的成。」不僅如此，我在家鄉澎湖也聽聞好幾對佳偶的起始姻緣，是來自溫柔有禮的電話，因為他們的夫人都曾經是總機小姐。

一個讓人感到訓練有素的公司機構，從接電話人員的回應，立即可覺知；因為即使未曾謀面，但電話線能傳來彼端的各種情緒聲音：熱情或冷漠、積極或乏力、快樂或憂傷。我在聖文森服務時，為了促成經貿訪問團來訪，常打電話給選定的台灣廠商，其實我並不認識他們，因此要一再表明熱忱歡迎以及答覆他們的詢問；往往都是等到台灣經貿訪問團來到聖文森，大家才第一次見面。屏東的蔡龍結先生曾對我說，因為受到我積極熱切感召才來參訪，尤其他注意到我打電話時間都在深夜。因為兩地時差關係，我必須配合台灣的時間。沒想到電話可以感動陌生人，我每向同仁分享此事時，特別互勉真的要注意電話的往來禮貌。

電話禮儀除了積極的、正面的、溫馨的情緒與態度之外，消極的更要顧慮自己在說話時是否打擾別人，尤其在大辦公室裡，人多、電話多，即使有小隔間，仍然聽得到對方話語，因此控制音量及通話時間就成了基本的禮貌；尤其要避免在電話中高談闊論。我在舊金山服務的辦公室有位資深同事，聽力不佳，因此他講電話時，聲音拉高好幾倍；不過他接聽電話只限於必要的溝通，很少閒談。我們了解他的狀況，也就不以為意。

打電話更要注意合適的時間，有些人認為給好友打電話無須顧慮時間，抓起電話就打；即使是好友也有不方便接電話的時候，不留意時間打電話是不禮貌的；太早、太晚、吃飯時間都不適宜打電話給親友。如果在不同時區更應算對時間，否則即使佳話也會弄巧成拙。我在雅典時，一位朋友自台北打電話給我賀生日；由於我是在睡夢中驚醒，一時未能回神；朋友驚覺有異，遂問當地時間；我一看床頭鬧鐘竟是深夜三點；他一再致歉，我感謝他賀生日，還得一再安慰他沒事。

電話常用的英文

中文	英文
電話佔線。	The line is busy.
請別掛斷。	Please hold the line, don't hang up.
我可以留言嗎？	May I leave a message？
我可以代為留言嗎？	May I take a message（for you）？
請打這電話給我。	Please reach me at this number.
專線電話， **分機號碼，** **請幫我接分機301。**	Private line, Extension number, Please connect me to extension 301.
對不起，我打錯號碼。	Sorry, I have a wrong number.

◎不在公共場所談公事電話

此外，機密公務更要防「隔牆有耳」，不宜在公開場合或公眾地點講電話。我在外交界多年，這更是基本訓練與素養。我們也設計很多方法防止洩密，但最重要的還是每個人心存警惕，否則再精密的裝備，再多的規定，沒有確實執行，仍然會犯錯違規。

當行動電話問世，就註定要改變全人類的行為了，使用行動電話的禮儀除了上述總總禮節外，又因為它是行動的、隨身的而衍生更多的問題，所需注意的禮節更是有增無減；比如，上述說的不可在公開場合或公眾地點講談論工作內容，在音樂會、電影院、演講廳、博物館、或劇院等場所更要關機。前陣子我偕友人到故宮博物院看雷諾瓦的特展，突然一位婦人手機響起，我看著她翻遍背包，尋找呼叫不已的手機，電話響音引起在場觀眾的側目；她好不容易找出手機後，我以為她會立即關機，孰知她竟從容接電話，而且也未以手嗚嘴壓低聲音，大方如入無人之地與其友人交談論事；完全無視週遭投以異樣眼光，仍自顧歡談。

我在大學教授國際禮儀課程，上課時也屢受同學們不守規矩把玩手機而感慨萬分；年輕人不知尊師重道，不看重所學，也不懂自我尊重，將來到職場會因缺乏自我控制能力，而難以出人頭地，到頭來吃虧的還是自己。

科技發達使得天涯若比鄰，但是手機的國際漫遊通話仍然昂貴；在國外要學習長話短說，必要才說，是因應的辦法。此外，我們與外國人講電話，一些英文電話用語值得學習；例如中文自報姓名時自稱「我是○○○」，而英文的電話用語則用第三人稱的「This is○○○speaking.」或直接講「Speaking!」。

總之，電話提供我們一個虛擬空間，而且是有聲的世界，雖然不見容貌，通話聲音卻傳達了人們的喜、怒、哀、樂，猶如形像在眼前；我們應切記，在公眾場合要能節制使用電話，尤其是行動電話，才不致失禮；而且既知即行，做個受人敬重的現代公民。

面試禮儀

朋友要去接受應徵機關的面試，詢問我該如何打扮？我詢問她要報考的工作性質是勞力型還是文書行政，也問職位的類型，是公關、秘書、總機還是普通職員，因為工作性質與職位類型不同，所要求的應徵人員條件也會不一樣。

面試是很抽象、主觀的，沒有書籍可參考，更不易找人問經驗。所以給人第一印象很重要，通常先看外表行為，外貌與舉止大概就佔了一半分數；另一半則是內涵表達，包括言語應對、普通常試、專業知識等。政府機關或大型公司行號，用人有一定標準，也都對外招考。我是參加外交特考進了外交部，後來也曾當過外交特考的口試委員，年輕一輩比當年的我們幸運，他們很多進過補習班，接受過訓練與演練，在外表穿著、梳理打扮都差不多的狀態下，因此只好從他們細微的舉止觀察，來給予分數。以下是我認為比較少人注意的觀察重點：

氣味：人身上常有一些氣味，有些是吃了蔥蒜、有些是消化不佳，有些更是口腔疾病。外交官比一般人更常與人接觸，如果有氣味問題時，別人不好意思說穿，但當對方略皺眉頭，或保持距離，就應敏感自覺是否自身有味道。歐美人士特別重視這方面的問題，在國外的超市常見琳瑯滿目的口腔衛生產品置滿貨架，從潔白牙齒到氣味芳香糖、漱口藥水、潔牙用品等等。國人在這方面似乎不怎麼重視。

歐美人士避免汗味的產品也很多，台灣地處在亞熱帶，夏天悶溼，汗流浹背是常有的事，但參加重要會議或與人交談，就要設法排除這些異味。因此，對於參加面試的讀者，都應先測知自己有否這方面的問題，並設法改善，或多嚼口香糖、多用漱口水、微噴清香古龍水、擦抑汗臭劑等；總之，要使人不僅視覺舒服，還要使人無聞異味。

髮型：三千煩惱絲在面試時，更要梳理得當；因為髮型予人的印象其實比化妝、衣著來的直接，早期歐洲仕女都戴爭奇鬥艷的帽子，就因頂上風光最容易吸引人的目光。現代人雖然少戴帽子了，但是髮型緊貼臉部，更容易凸顯人的外貌。比如有些人喜歡染各種顏色的頭髮，剪令人側目的髮型，如果去面試的機關、公司是比較保守的，那麼自己就可預料是否能面試成功。我建議不要剪高中生清湯掛麵型的短髮，會給人似乎毫無社會經驗的感覺。一般而言，服貼整齊的髮型會比怒髮衝冠型、或野草型的人，有穩重且深度的感覺。

我擔任禮賓司司長時，經常陪同外賓參訪，也常隨總統出訪，果然最麻煩的就是打理這三千煩惱絲；雖然頭髮佔全身的比例只是一小部分，卻是影響整體面貌的主要觀感；那時候才了解何以之前有些高層的官夫人出訪，得有髮型師跟著出國去照料她們那些煩惱絲。

服裝：除了勞力型的工作，面試的服裝，一般而言，男士著西裝，女士著及膝套裝或洋裝是最得體的穿著。對於那些裙襬極短的辣妹型小姐，或許容易吸引人們的眼光，但是在辦公室可能是負面效果，畢竟公司要的是頂端的大腦，而非裙襬之下的美腿。這種打扮無疑宣告要別人重視的方向，除了模特兒面試或能成功，其餘的恐怕就喪失機會了。

鞋襪也是服裝的一部分，男士的長褲、襪子、皮鞋的顏色要一致，最怕的是白襪子穿進黑皮鞋裡，那種突兀打扮會被扣掉許多分數。

女士的絲襪也要注意有無脫線或破損，鞋子要包住腳趾才顯穩重，鞋面保持光潔。

體態：現代的徵人啟事或招生簡章都不會明列令人敏感，或可能招惹歧視的字眼，但面試是主觀且不會明言的印象分數，如果非屬勞力性質的工作，有兩位競爭者實力相當時，體態較佳者予人較勤快的感覺，也是較健康的類型。因此無論男女，要參加面試者皆應設法鍛鍊好身體，舉手投足間自然也較能顯現自信。

坐姿：我特別提出坐姿，是因為看過很多人在面試時，因緊張抖動雙腿或翹腳，這些都是很不雅舉動，會給人不好的印象。良好的坐姿會顯出平日訓練有素的個性，給人謹慎的感覺。

品德：內涵也是面試官極欲探知的世界，尤其品德操守是許多公司錄取人的重要條件；固然從短短的面試當中，應徵者不易顯露出來，但有經驗的面試官可從應徵者一些細微的動作、肢體語言看出玄機。比如，我會注意應徵者是否專心傾聽我的問題？是否答非所問？當我發問時，他們兩眼是否正直、恭謹的注視我？這些都可表露一個人的品德特質：尊重與具同理心。

我總是專注聽長者、前輩、主管的吩咐與訓示，因他們的學識經驗都在我之上，傾聽才能深入學習，而這也是新進者最需要落實的地方。有些高知識分子或技術人員自識甚高，不肯傾聽別人，自然不易合作；公司講求的是團隊精神，而不是培養個別「明星」員工。

面試時傾聽考試官的問題，才能深入回答；而且在相互對答時，才能聽出原委，而不會答非所問。其次真誠的態度可以自眼神中表露出來，時時展現溫和眼神及面露微笑，是展現自信的最佳寫照。因此面試時切勿眼珠翻轉、騷首弄姿，漫不經心的樣子。

坦誠：理念清楚、表達明晰的人較受矚目。參加面試，無法預知考試官會問什麼，也難以完全準備。但對於當前國內外的政經情勢應加以注意，尤其與應徵機關的相關議題，如科技、醫療、化學等，當前熱門議題更應多所涉獵，並預先自我演練。考試官能輕易自應徵者的答覆中，了解思路邏輯與是否具分析的能力。因此要多練習如何聚焦問題核心，分析重點所在，以及因此所下的結論。

不過真的不懂，就無法分析解答，此時最忌硬坳，而予人不懂裝懂的印象。倒不如坦誠這方面的不足，而請面試官略提示方向。有時真不懂也未必是負分，真誠的態度勝過企圖掩飾，反而予人坦誠可信任之感。把握每次面試的機會，我一直認為天助自助者，機會是留給有備而來的人。

第7章

國際禮儀生活化

本章範圍較廣，包括見面所行之行、小費怎麼給、送禮的時機、國際會議的正確程序、懸掛國旗的規矩等等，如何將國際禮儀生活化，都將在這一章節分別說明。

你做對了嗎？

和別人握手時，要用兩手緊握住對方，才表示熱情？

○正確的握手禮是，伸出右手，力道適中的握住對方的右手，另一手自然垂下，不要放在身後，且眼睛要看著對方，臉上掛著笑容。

參加國際會議時，聽到有人提議「I move the meeting adjourn」，立刻就可起身離開？

○正式的國際會議，需有人舉手附議說「Second」，再等主席下結語，「有人提議散會並經附議，贊成的說是，反對的說不。議案通過，散會。」之後才可離開會場。

各種見面禮的正確方式

現代人對於「行禮如儀」的解釋偏向負面，例如描述行不由衷，只是依樣畫葫蘆；或只顧禮節程序，而非衷心肺腑之舉。不過在本章我是依字面之義：行各種禮，應有的方式或姿勢。人與人相處，是和平共存？還是侵略爭霸？要表現前者則肢體語言是很重要的展現，所行的「禮」就要能充分表現和平之意，同時彼此均能意會而不致誤判。這是握手禮的由來，而且源自西方的上古時代。

希臘是西方文明的搖籃，握手禮的圖像出現在西元前五世紀的一塊古希臘石碑。石碑上有兩位古希臘女神互相握手，分別是雅典娜女神及赫拉女神，前者是雅典城的守護神；後者是薩摩斯島守護神。這塊握手石碑要傳達的是雅典人對薩摩斯島人的友誼，因為在斯巴達軍大敗雅典軍隊後，大部分原本與雅典結盟的城邦都叛離了，只有薩摩斯島仍忠於雅典。雙方均善意伸出手來互握，展現手掌心確是手無寸鐵，絕不會動干戈，而且進一步表達對彼此忠誠友好。

古今中外的行禮所要表達的就是忠誠、友好、友誼，表達方式不下幾十種，仍以握手禮最為普遍；舉凡會議之始、彼此問候或離開之時、祝福之際、表達感激或達成協議時，最常見的舉止就是彼此握手。尤其握手是完成簽署合約的手續之一，我們常看到交換合約時都是握手微笑的情景。另外最常見的是各種運動比賽之初，對手相互握手；結束之後亦再次握手，不論輸贏，重要的是展示了運動禮儀。

這種運動禮儀並非西方專有，我們古時候也非常注重。《論語．八佾篇第七章》就提到射箭時，「揖讓而升，下而飲，其爭也君子。」，古代人射箭時要先在堂下，兩手相拱於胸前向對手作揖行禮，謙讓一番，才登堂而射。射完之後再互相作揖行禮，再度謙讓一番，然後才走下堂來，勝的人請敗的人吃罰酒。我們古時候行的「揖禮」也就是「拱手禮」。

握手禮最早的記錄出現在西元前405年的古希臘石碑。

古代的教育包括六藝：禮、樂、射、禦、書、數，其中的射是指射箭，孔聖人自己就是射箭好手。但射箭不僅是運動，也是禮儀的表現呢。

如今握手禮普遍用在地球村的各個角落，我們自小握手至今，但不表示我們都把握手禮做好且做對了，比如，電視上常看到許多政界人物匆促握手，眼睛卻飄看著下一位，大概有太多人等著和他們握手，希望快速握完那條長長的人龍。我曾如此被握過手，觀感不佳，因此我一再告誡自己，千萬莫蹈覆轍。

◎正確的握手姿勢

我在學校教禮儀課時，一定會花一節課，讓同學們上台練習互相握手，及與同一組同學依次握手，其餘各組則旁觀。我們立即發現許多的毛病：不是握的太輕，就是太重；有的搖晃太多次，有的另一隻手放在背後；真是百態盡出。

正確的握手禮應該是，**雙方伸出右手，姆指張開，手掌虎口相握**，這時力道適中，不要過重讓人不適，尤其對方如有戴戒指，千萬不可用力挾，以免壓痛對方；但也不要過輕或僅觸滑對方手指，猶如蜻蜓點水般，這會讓人覺得你是虛應了事，不夠誠意。可輕微上下搖一下，另一手自然下垂，不要放在身後，且眼睛要看著對方，略帶微笑。

通常長輩、上司、主人、女性會主動和對方握手，這時應立即握手回禮。由於「握手禮」是屬於肢體上的接觸，我們應注意保持手部清潔與乾燥，如果因為工作關係或有不方便握手的原因，事先可委婉說明才不會顯得失禮；千萬不可握手後立刻擦手，這會引起對方誤會的。

握手禮雖是普遍的見面禮儀，然而也有特殊的禁忌；比如，美國第一夫人米雪兒遇上回教禮俗的情況；二〇一〇年十一月米雪兒和歐巴馬總統到印尼訪問；他們愉快地與一排等待的印尼官員握手致意，其中信仰伊斯蘭教的新聞部長Mr. Tifatul Sembiring也堆滿了笑容與米雪兒握手；豈料這一握竟上了媒體版面。原來這位部長曾侈言從不碰觸非親屬女性，卻在眾人面前

現代握手禮應面帶微笑，雙目相視。

與第一夫人握手；這位部長被國內的批評聲浪逼急了，就說是被動握手的。事實上YouTube影片出現的是，這位部長站在這一長列官員之中，等著歡迎這對美國總統夫婦；他和歐巴馬總統握完手後，又笑容可掬地雙手握住第一夫人的手。有興趣的讀者可上YouTube找看這段影片。

◎擁抱禮

擁抱禮用於男性或女性之間均可，這種方式多盛行在歐洲、中東、中南美洲、俄國等國家。擁抱禮的行禮方式是，彼此**見到面時即張開雙手，右手搭在對方左肩上方，左手環抱對方背後**，右手還可輕拍對方的背部。親友或好友間初次見面，或離開時皆可行之。

其實，西方人自小就受到嚴格告誡，不得隨意碰觸陌生人；因此只有親友之間才有擁抱禮或親頰禮。如果對方認為你是好友，自然就行以擁抱禮或親頰禮了。

我在美國多年，和美國男士們見面多行握手禮，和女士們第一次見面也是行握手禮，但再次見面就升格為擁抱禮或親頰禮了。有一些我熟稔的男士，見面也行擁抱禮或親頰禮。可見擁抱禮是一種相當友好親善的行禮方式，表示雙方熟稔友好。

東方人受儒家影響較為保守，即使我在美國多年，與男性僑胞也是行握手禮居多，與女性僑胞才行以擁抱禮。數年後，我奉派到聖文森擔任大使，各地熱心僑胞為我舉行惜別酒會或晚宴時，大家互有不捨，結束時無論男女老幼，一一與我擁抱話別，那份感懷至今仍縈迴腦海。

雖然中國人彼此之間比較不習慣擁抱的行禮方式，但在國際場合中，如果外國友人和我們因多次或多日相處，欲和我們行擁抱禮時，我們應理解這是極其自然的禮儀表達方式；千萬別因不習慣而致全身僵硬；行幾次擁抱禮後會很習慣與自然，畢竟這只是他們表達熱情的禮儀方式罷了。

每次看電視報導尼加拉瓜的消息，我不禁就想起奧德加總統及她的夫人羅莎莉奧。人的緣份是很奇妙的。當年我是禮賓司長隨申賀總統就職團到尼加拉瓜，慶賀奧德加總統就職典禮。奧德加總統只會說西班牙語，第一夫人的英語則說的非常流利。幾天相處下來，我和第一夫人及副總統夫人感情生溫，我們無所不談，好似結識多年的好友。但是天下無不散之筵席，離開之日，奧德加總統以軍禮相送，我們團員分別與奧德加總統夫婦握手道別。輪到我站到他們面前時，卻難過的說不出話來，我先與第一夫人握手；她隨即擁抱我，要我保重；我也盼她早日來台，再度會面。接著我也與奧德加總統握手，同樣的他也輕輕地擁抱我一下，並微笑向我說Good Bye。這是擔任外交官要面對的諸多「愛別離」。

◎親頰禮

在歐美、中南美洲國家，熟悉友人之間多行親頰禮，男女間誰主動都不失禮。在今天地球村的世界，我們的青年無論赴外留學、度假、打工等，遇到行親頰禮的機會甚多，所以一定要知道

親頰在歐美、中南美洲國家是稀鬆平常的問候禮及道別禮。

確切的行禮方式，才不致鬧笑話。

親頰禮只是禮貌性的做做樣子，再伴隨嘴唇在對方耳際發出輕輕的「啵」聲。千萬別真的去Kiss 對方或留下口水，胸部也不可緊貼對方，尤其對女性更要尊重，以免產生誤會。

西方社會對於親頰禮到底「親」幾次才算禮貌？我認為是要依據當地的禮俗。有一次、二次，也有三次的；無論幾次，總是由彼此右頰開始，也就是先向右邊；如果吻二次時，就先右頰再左頰；如果是三次，則先親右、再左、然後又回來右邊。

我駐外多年，親頰禮是稀鬆平常的問候禮及道別禮。在聖文森時，參加任何活動，遇見部長們的問候總是行親頰禮。我最怕碰到體型碩大的部長，我不希望去碰觸他或她的胸部，因此總要設法騰出空間，但又不能太遠而無法碰到臉頰，真的頗費思量。

◎鞠躬禮

鞠躬禮是東方國家（例如中、日、韓）很常見的行禮方式，人們用來表示恭敬致意的禮儀；可用在莊嚴肅穆的儀式中或喜慶歡樂的場合，比如，參加喪禮時，多是向往生者行三鞠躬禮，表示最敬的禮節。此外，一般的社交場合或家庭的聚會也都適用，例如下級向上級，學生向老師，晚輩向長輩行鞠躬禮表示敬意；上臺演講、起立介紹、演奏會、戲劇表演結束演員謝幕等，也都以鞠躬禮致意。另外，迎賓人員也以鞠躬禮向賓客表示歡迎之意。鞠躬禮還可以用來表達感謝或是道歉，或請求他人協助等，因此行鞠躬禮的場合頗多。

我駐外時上台的機會很多，我總是先一鞠躬後，才演講。一般西方人士沒有這個習慣，但他們覺得東方人比較懂禮。鞠躬禮用在外交時，須要顧及國際通用禮儀。早年台灣邀請外賓來訪，到忠列祠獻花時，司禮人員都是喊三鞠躬禮，但某次有一位外賓搞不清楚，一鞠躬後，就要往回走，於是被請了回來，如此折騰至三鞠躬畢。後來相關單位檢討，外賓禮敬就改成一鞠躬禮，以避免日後再發生困擾。

行鞠躬禮時，嘴裡不能吃東西或叼著香煙，男士要脫帽，雙手貼腿併攏，立正後，由腰間彎曲，身體上半身傾斜至某個角度，目光向下，表示謙恭；還可附帶「你好」、「早安」之類的問候語。**不可以一面鞠躬一面翻起眼看對方**，這樣姿態既不雅，也不合乎禮。行禮完畢，起身再恢復立正的姿勢，雙眼禮貌地注視對方，如果視線轉移到別處，會讓人感到並非誠心誠意。

鞠躬禮的關鍵在於到底要傾斜到何角度？通常來說，彎曲角度愈大則禮敬的程度愈強；一般用於向平輩、同等位階或同事之間，上身傾斜15度即可；但是對於高階主管、年高德劭的長輩或位階較高的賓客，上身至少傾斜30度。上級或長者還禮時，可以欠身點頭，不必以鞠躬還禮。

日本人是用鞠躬行禮的方式來打招呼，並不習慣與人握手；日本文化極重視尊卑。如果對方的社會地位比較高，鞠躬者的彎腰角度要更大，而且時間要更長，90度的鞠躬禮常見於日本人之間，但這種90度的鞠躬禮是屬於「民族地區特殊禮儀」，並非通用於國際間的行禮方式，所以如果是跟外國人會面，日本人還是會以國際禮節的握手來表達問候之意。

美國歐巴馬總統於二〇〇九年十一月訪問日本，拜會日本天皇時，既握手又彎腰行禮，引來美國人嚴辭批評他有損美國面子。那些毒舌名嘴批判他，為美國總統

美國國務院的禮儀指南原文：
2007 titled "Protocol for the Modern Diplomat," envoys are advised to be aware of greeting rituals such as kisses, handshakes or bows and to follow a country's tradition. "Failure to abide with tradition may be interpreted as rudeness or a lack of respect for colleagues," it says.

向外國皇室行禮立下新的規矩；國務院發言人出面為他緩頰，說國務院設有「禮儀指南（Protocol for the Modern Diplomat）」指稱使節宜熟知問候禮儀，例如親頰、握手、鞠躬等以符合當地禮俗。如果不守這些傳統，會被視為粗魯或不敬。但是該「禮儀指南」是否適用於總統就不清楚了。

入境隨「禮」

國際禮儀必須兼顧入境問俗，畢竟身入異地，不要有冒犯之處，既免誤觸當地法律，也做到明哲保身，要到各地旅遊，不可不慎。

中國清朝時期缺乏國家平等的概念，視外人為藩屬或野蠻國度，一七九三年，英國派馬戛爾尼（George Macartney）來中國談判通商設館；清朝官員竟要求馬戛爾尼在覲見乾隆皇時，行三跪九叩的叩頭禮（Kowtow）。馬戛爾尼認為如此英國豈不變成清朝的臣國，拒絕行叩頭禮，雙方起了爭執，最後是馬戛爾尼在覲見時，行單膝下跪禮，不必叩頭。這種又跪又叩頭的禮在國際上並不通行，所以滿清被推翻後，民國成立就廢了叩頭禮，改行鞠躬禮。但在某些師徒制的拜師典禮上，仍存在傳統的叩頭禮，像梨園唱戲、拳打武術、烹調技藝等。許多宗教信徒也對佛、神行叩頭禮，因此雖非國際禮儀，仍因行業、宗教等因素而存在。

行禮方式有屈膝禮、吻手禮、軍人的舉手禮、文人的扶手禮以及東方常見的拱手禮、合十禮等都值得一探。至於局部地區所特有的文化禮俗，如碰鼻禮等，雖不屬於通用的行禮禮儀，如計畫前往當地，亦應注意合宜地行禮表達，做到入境隨禮，除了合乎禮的風範，更使旅途兼具知性與趣味。

◎屈膝禮

屈膝禮主要是用於對歐洲王室的禮儀，最著名的是對英國王室的行禮。伊麗莎白女王在位六十餘年，幾乎走遍全球；各界人士對英女王的行禮，常常成為話題；也是我教禮儀課的參考題材，同學們也聽的津津有味，畢竟有關神祕王室的話題總是能吸引人。

英國王室有一套歷史久遠的禮儀：男士見了女王要深鞠躬，女士則要行屈膝禮

（curtsey），其形式為行禮者右腿向前屈、左腿向後伸，之後兩手端裙腳，下蹲行禮。如果女王伸出手來，也僅能輕輕握一下，而不是重力握住，也不可搖晃。

政界也曾發生過不願向英女王行屈膝禮的事，二〇一一年十月英女王到澳洲訪問，當時澳洲總理吉拉德女士（Julia Gillard）到機場接機，她出生於英國，六歲時隨父母移民澳洲，選擇僅向女王點頭及行握手禮，被批評無禮及不尊重女王。總督布萊斯女士（Quentin Bryce）出身於澳洲的布里斯班，依規矩向女王行屈膝禮，就受到好評。我們看媒體拍攝的這一幕接機圖，兩位穿著典雅、頭戴淑女帽的女王與總督站在一旁，相較於另一位僅是普通穿著，也沒戴帽的吉拉德總理，氣勢高低立判，無怪乎這位女總理被媒體圍剿。女總理倒是振振有詞地說，她的行止是發乎自然，言下之意是她個人自我感覺良好。其實她曾語出驚人表示，希望女王是澳洲的末代國王，被認為她盼望澳洲成為共和國，不再奉女王為虛位元首；因此僅向女王行握手禮，而不願行屈膝禮，其因甚明。

英國王室嚴禁碰觸女王的身體，卻總有一些政界男士，以自認的紳士舉止去圍護著女王，那不合禮儀的手，躲不過眼尖的媒體拍攝下照片為證，指責的評論也紛至沓來。在澳洲就有兩例，而且都是澳洲總理，一位是基亭總理（Paul Keating），另一位是霍華德總理（John Howard）。前者於一九九二年將手臂環住女王，引導她走出歡迎的人群；後者則於二〇〇〇年在澳洲國會貴賓室內，介紹女王給在場的貴賓，他的手幾乎搭住女王的腰際；事後霍華德總理辦公室出面否認總理曾碰觸女王，但是照片卻顯示極其接近。這兩件事被視為極失禮（faux pas）的案例。

無獨有偶的是，美國第一夫人米雪兒也犯了此規。二〇〇九年，英女王在白金漢宮舉行酒會，歡迎G20高峰會的領袖們。她和高大的美國第一夫人站在一起，於是她伸手去搭米雪兒的後背，豈知米雪兒也伸出長臂搭在女王肩膀十秒鐘，還輕輕摩搓著。媒體自然不放過這些失禮細節，因為絕對上得了版面，且會吸引許多人津津有味的看。

屈膝禮不只是王室間的特殊禮儀，事實上，屈膝禮也用於舞者謝場的行禮，以及女溜冰選手結束時的行禮，其優雅身段總是獲得滿場熱烈掌聲。

吉拉德總理曾在二〇一一年表示，英女王逝世後，澳洲應推動成為共和國。其實她心知這是爭議事項，不易實行。澳洲移民許多來自英國，故仍忠於王室制度，雖然英王只是虛位元首，但政治人士總有其看法。澳洲在一九九九曾舉辦過王室存廢公投，結果卻是偏王室的佔多數。

◉吻手禮

吻手禮已是很少見的禮儀了，但在歐洲的上層社會，男士們仍行吻手禮，來表達對女士的尊敬。通常女士會伸出手來，掌心向下，男士則伸手握住，低頭以雙唇輕碰女士手掌的指關節，並迅速輕輕放下。現代的吻手禮已不再以唇去觸手了，只是做個樣子。

另外我們常看到教會的主教（Cardinals）對教宗（Pope）也是行吻手禮，只是他們吻的是教宗手上的戒指。各地天主教或英國國教的教友，對他們的主教或神父仍有許多人是行吻手禮。

◉軍人的舉手禮、文人的扶手禮

軍人行舉手禮，在台灣長大的我們司空見慣；當我調到聖文森，第一次受邀參加他們國慶紀念大會後，才了解原來英式與美式舉手禮仍然有分別。聖文森沒軍隊只有警察，他們的行禮是，手掌背面貼住右額頭，手心向外；而我們常見的軍人舉手禮是，手掌心向下。

一般而言，退伍後就不再是軍人了，在典禮場合演奏國歌或升降國旗時，行的應是文人的扶手禮，其方式是，右手向左邊橫伸，手心放在左胸前。通常是最高主管行此禮，其餘人士注目即可。

我擔任禮賓司司長時，其中一項任務是陪同外國新任大使向總統呈遞到任國書。儀式簡單而隆重，三軍儀隊及國防部示範樂隊排列在總統府前的小廣場，歡迎大使到來；進府時先奏新大使本國的國歌，等到呈遞到任國書之後，出府送客時再奏我國國歌。演奏國歌時，我們在場的

文人的扶手禮，右手向左邊橫伸，手心放在左胸前。

人，包括新任大使，都行扶手禮；隆重且莊嚴的氣氛，讓新到任的大使們都覺得很光榮且備受尊重。

◎拱手禮

古代人「道賀」或「答謝」時的行禮是，拱手作揖；其方式為雙手互搭，右手半握拳，然後用左手掌包在右拳上，兩臂屈肘，抬至胸前，甚至高舉齊眉；目視對方，面帶微笑，輕搖幾下。拱手禮，又稱抱拳禮，沿用到今天，在春節團拜、老一輩的聚會、歡宴等場合較常見；比如，在新春時互道「恭禧」，就是打拱作揖。

抱拳禮在武術界更是常用，其源遠流長，與西方的握手禮，表示手中無武器，傳達友好的性質類似；只是握手禮必須接觸對方之手，抱拳拱手卻是與對方保持距離，比較封閉性質。

◎合十禮

在東南亞國家會看到許多行合十禮的民眾；其實合十禮（Namaste）源自古印

度，原是佛教徒間的虔誠拜禮，後來隨著佛教傳播到各地而流行。目前泰國、寮國、柬埔寨、緬甸、尼泊爾等佛教國家通行合十禮，因行禮時雙掌相合，又稱「合掌禮」。合掌的高度，隨著對象的身分地位而有不同；例如，拜見泰皇時，合十的雙手要高舉至前額，還須下跪；對自己的父母長輩則雙手舉至鼻尖；對位高的則舉至嘴部；對平輩則胸部上方。遇見僧人時，無論地位高低，均須向僧人行合十禮；而僧人則無須回禮。

如果到當地旅遊或拜訪，最好要了解合乎禮的行禮方

阿拉伯式的迎賓禮。

式。二〇一二年十一月柬埔寨舉行東亞高峰會，在晚宴之時，柬埔寨總理韓森介紹夫人文拉妮（Bun Rany）給美國總統歐巴馬。她合十略低頭向歐巴馬總統問安，歐巴馬也立刻合掌回禮。我們外人看不出門道，文拉妮卻被柬埔寨媒體《商業日報（Investor's Business Daily）》批評為不尊重歐巴馬；因為文拉妮雙手放在胸前，當地人認為這是對僕人或低階人的行禮方式。但事實是否真如媒體所言，恐怕只有文拉妮自己心知肚明了。

行禮是肢體語言，人們相互往來，行禮得宜，才能建立友誼。反之，倘若行禮不得宜，其後果小則自覺難堪困窘，顏面無光；大則引來興師問罪，惹禍上身，不可不謹慎。

給小費的藝術

我在舊金山服務時，文化組的主任是劉定一先生，他是個能力很強的主管，也是個美食家，因此出入的都是高檔餐廳。有一次他請我們吃午飯，我印象中，他並未訂位；可是他一進門，眼尖的領班經理立即迎上來，滿臉笑容，鞠躬問候；劉主任和他握了手，那位經理更是哈腰恭敬地把我們領到最好的位置去。

我當時雖只是個小秘書，但也知道在生意興隆的高級餐廳，如果沒事先訂位，通常很難如願吃到飯，更何況是位置較佳的包廂。我問了劉主任，他略顯得意地說；他從不訂位，反正會有最好的座位是空的。我們都笑了，他後來傳授秘訣給我們，原來，在他一進門和經理握手時，「小費」早已塞到對方手中了！

在美國給小費是天經地義事，沒給的人可別再回原餐廳，否則必遭白眼相待。「小費」的規矩究竟從何而來呢？牛津字典中提到，一五〇九年，德國有位工匠向顧客索討喝一杯酒，英文叫做Drink Money，這是有記載的索小費實例；到十七世紀，給小費在英國已很普遍了。

小費並沒有公定價格，完全視顧客高興打賞。東西文化傳統不同，給不給小費容易引起誤會，甚致成了糾紛。早年台幣幣值低，一美元兌換四十多元台幣的時代，留學生在美國餐廳打工，很受惠來自顧客的小費收入。相反的，台灣的旅客到美國去，往往無知或吝於給小費，而常被餐廳服務生冷嘲熱諷。

現在的美國幾乎是小費天下；搭計程車給小費、送洗衣服給小費、叫速食給小費、到旅館，行李送到房間要給小費、車子暫停旅館門口也要給小費、叫餐到房間一定要給小費、也別忘了給清潔房間的服務生，到餐廳吃飯、到美容院也都要給小費，反正小費多，人不怪。

在歐洲給小費的習慣也不讓美國專美於前，處處要事先了解是否須給小費。希臘人尤其愛小禮物，幾乎是變相的小費。我在辦公室時，當地的同事建議給小禮物的名單包括銀行、郵局、匯兌公司、快遞公司等；同事看我狐疑的眼光，立即補充說這些基層人員協助我們，給我們最便捷的服務；我霎時明白，入境要隨俗。我在雅典第一次到美容院剪髮時，看到帳單都快昏倒，連同小費一共要價八十歐元；我告訴希臘朋友們，他們都認為差不多，好像我少見多怪。

很多小費是積習已久，別人有給，我們也不能落人後；但有些小費是自己心存感激而給的，像是賞金一般。比如，有一次我女兒、女婿及女婿的姐姐前來希臘旅遊，女兒在計程車上遺失了小皮夾，裡面有重要證件及現金。我們心想沒指望了，預備星期一去重新申請證件。結果一位計程車司機主動聯繫我辦公室的當地同事，他用希臘文說他周末在我們的電話錄音留言，但我們未回覆；因為皮夾內有現金，因此他不想交給警察；他在皮夾裡發現一張我的名片，便依照上面的住址，親自來辦公室交還皮夾，並要我們點收。我非常的感激，當場給了四十歐元，連番致謝這位誠實的計程車司機。

「小費」顧名思義並不是大錢，但我們屢聞在美國城市的酒吧，女侍因親切溫馨服務而獲致豐厚小費的例子。古諺說「有錢能使鬼推磨」，很貼切的描述錢多好辦事的景況。但是小費不應被曲解為類似例子，或被列為貪財、不正當的利益；只要顧客心甘情願給，並無不妥。

比如，搭郵輪有公訂的小費金額，但通常對熱心服務的郵輪服務艙專員，我們都會額外多給小費。有一年我們全家坐郵輪到阿拉斯加旅遊，由於我有飲食禁忌，女兒貼心地告知餐廳領班，我要特別的菜單（Special Menu）；這位領班二話不說，除了特別關照當晚的餐點，還把翌日的菜單也先給我過目並選妥；所以我每天都能吃到大廚現做的特別菜色，比之一般旅客的大鍋湯菜，要好吃多了。當然他每天總能拿到我特別給的小費，皆大歡喜。

在國外餐廳或咖啡廳常可見到請賞小費的罐子

旅遊在外，給小費的標準雖然莫衷一是，但諸多的狀況仍是必須支付的。比如，有一年，家父自台灣來希臘看我時，由大弟陪著，他行動緩慢，我聽從旅行社的建議，為他申請輪椅服務。一路上都有人照料，果然輕鬆方便。到了希臘，那位希臘機場輪椅服務人員堅持將家父送至我的車內才鬆手，態度熱誠親切，我自然也樂意掏小費答謝一番。

另一年我到倫敦旅行，參加當地的巴士行程參觀莎士比亞故居，導遊是位書生型的男士，沿途介紹景點。我們參觀莎翁紀念館之後，有一小段自由時間，於是我自己走了幾條街，結果迷路了。眼看集合時間已到，我卻找不到巴士的蹤影，正焦急時，導遊出現了；我感謝他的協助，下車時特別給小費。其他旅客少數有給，其餘的看到那貼著Tips（小費）的小玻璃罐卻視若無睹，逕自離去。

國內外街頭常有街頭藝人表演，地上擺著收小費的帽子或盆子，過往人們偶有慈心投注銅幣，這算是正常的情形。比較少見的是，國外的流浪藝人穿梭在地下鐵車站，或在月台上演奏樂器，也有進入車廂裡表演的，他們已算好到下一站停車的時間，適時托缽收錢，而且缽直接遞到你面前；如果我有零錢便會給與，但我還是比較喜歡在沒有壓力下給小費。

給小費也會有預想不到的好運。二〇一二年，我們全家旅遊到了西班牙的首都馬德里，參觀大皇宮時，長長的人龍排隊等著入場，這時旁邊有一位街頭藝人拉著小提琴，琴聲優揚；頓時讓我們忘了等待的煩躁，聽著琴音，心情也平和下來。西班牙正值經濟困頓的時刻，許多人失業，也許這位音樂家也是遭此遽變吧。他拉的琴委實好聽，我在他打開的手提箱放了一張十歐元的紙鈔，他隨即抽了一張他錄製的音樂CD給我。至今我仍常聽這張CD，隨著音樂，腦海便浮現當時在西班牙的情境；很慶幸當初給了小費，才有這麼愉快的回憶。

我對古文明很有興趣，住在希臘期間自然飛過地中海，南下到埃及旅遊。到埃及觀光的人，心裡要有準備，那就是給小費；從抵達機場後，洗手間有專人收小費，各個景點的洗手間也是如此。導遊、司機、地陪全都要給小費，不過如果他們服務好，我是很樂意給的。我可能迷上了古埃及文明，三年間去了兩次埃及。印象最深的是，一家有現場窯烤麵包的埃及傳統餐廳，我們進餐廳前就已先受寵若驚了；幾個穿長袍的男人在餐廳通道前敲鑼打鼓的拉琴娛客，展示阿拉伯式的迎賓陣仗；我第一次去時被嚇到了，用餐完畢匆忙離開。那餐廳裡有個大窯灶，三個埃及婦女席地而坐，有的雙手忙碌地搓揉麵團，有的把麵團放進身旁的傳統窯灶，麵香自爐上傳來，十分誘人。她們遞上剛烤好的埃及餅，地陪立即打點小費，並把餅送給我們品嚐，那麵香仍令我難忘。第二次去，我可是有備而來，給了小費，他們興高采烈的和我們合照。

遊埃及也經歷小費風波。二〇〇八年我第一次去埃及，我們到大金字塔前選角度準備拍照時，兩個穿制服的觀光警察走過來，很友善地指導我們一些經典的拍法，例如站在何方位，伸手在半空中，遠方的金字塔就彷彿在手掌正下方；或者兩人伸手形成八字形，就可包夾金字塔；我們大喜過望，按著這兩位警察的指示，一一攝取令人驚喜的鏡頭。於是我們向這兩位善心警察道謝，熟知他們兩隻手伸出來索小費，我們楞了一下，摸摸口袋，給了一些埃幣；可是他們嫌少，想多索取，我們決定不再給了，迅速離開這兩位咕噥不停的觀光警察。

二〇一二年，我和友人又去了一趟埃及，這時「阿拉伯之春」的民主怒火已燒遍埃及，我曾躊躇是否要去；埃及的旅行社友人一再保證安全，所以我們如期前往。舊地重遊，但各個景點皆門可羅雀，以往人山人海的遊客退潮了，我們恣意隨興拍照，完全沒有其他遊客重疊在景物上，雖然照片拍的好，卻心有戚戚焉。我們飛到南部的阿布辛貝（Abu Simbel）去看拉美西斯大帝（Ramesses II）的神殿，更是慘況難喻，只有六個人；而三年前我第一次去時，人潮滿滿圈住小坡上的神殿，幾乎寸步難行的狀況，真是「物是人非」啊。我慢走緩行仔細觀看神殿的每一個角落，沒有人潮的古蹟更顯得寂寞。當地導遊要我過去聽他介紹，我答這是我第二次

表1 各國餐廳給小費的參考

國家	給小費的比例	備註
美國	15% ~ 20%	未包括在帳單內
英國	10% ~ 12%	通常包括在帳單內
法國	12% ~ 15%	通常包括在帳單內
德國	10% ~ 15%	通常包括在帳單內，仍可給小錢
義大利	10%	幾乎每項服務都期待給小費
日本	10% ~ 20%	通常包括在帳單內，無需另附小費
香港	10% ~ 15%	幾乎每項服務都期待給小費
馬來西亞	10%	提行李及旅館房間內的叫餐服務。其餘少見
印尼	10%	通常包括在帳單內，仍可給小錢
菲律賓	10%	幾乎每項服務都期待給小費
墨西哥	10%	幾乎每項服務都期待給小費
沙烏地阿拉伯	10%	通常包括在帳單內，如有特別服務項目，宜多給10%

資料來源：Tipping.org

2 美國服務業的小費參考

場所／項目	小費金額或比例	備註
機場或交通		
紅帽行李服務員	每件行李至少1美元	
推輪椅服務員	3～5美元	
室內開電動車載客服務員	1～2美元	
計程車司機	車資的15%，不宜少於25分美元。	幫忙拿行李，每件1美元；大型且重的行李，則宜給每件2美元。
巴士司機	每天每位乘客1～2美元	
行程導遊	每天每位乘客1～2美元	
理髮院		
理髮師	15%	此為男士的理髮，至少1美元；不常剪髮者宜給5美元
剪髮美髮師	15%	此為女士剪髮
洗頭髮服務員	1～2美元	歐美的大型美容院，剪髮與吹髮是不同的美髮師負責
吹髮型美髮師	10%	
餐廳或飯店		
自助餐（Buffet）	帳單的10～15%小費	視服務之工作多寡而給。
侍者或女侍（Waiter/waitress）	帳單的15%	好的服務給20%，感覺不甚滿意的服務至少也要給10%。
調酒師（Bartender）	帳單的15%～20%	單杯飲料的小費宜給50分，單杯酒的小費宜給1美元。
吊掛衣服的服務生（Coatroom attendant）	每件衣服1美元	
代客泊車（Parking valet）	泊車服務2美元	
旅館門口服務員（Hotel doorman）	拿行李下車，每件1美元	
旅館大廳服務員（Hotel bellhop）	送行李至房間，每件1美元，如果只有一件宜給2美元	
房間清理人員（Hotel housekeeper）	每晚2～5美元	
外送披薩或輸送大型物件		
外送披薩	短程外送，1～2美元 長程外送，2～3美元 大量的外送，5美元	
輸送大型物件（家電、家具等）	每人5～10美元	如果太重的物品則宜給每人20美元

來，想要多拍些照片。他有些失望，我離開前仍給他小費，他才笑顏逐開；也難怪，旅客都不見了，他賴以加餐的小費也沒了，自然笑不出來。

拉美西斯大帝神殿正門口有個看管的年輕人，也是眉頭深鎖；我隨口問可否在門口往內拍照，他搖搖頭。我進去繞了一大圈，出來時，他又看了我一眼，手上拿著一枝法老王的生命符杖道具，這時他突發慈悲心說，「好吧，你可以從外面向裡拍。」我當時興奮莫名，多少人想拍這張經典照片啊！我感激之餘掏小費給他，沒想到小費魅力在此關鍵時刻發揮作用；他直稱謝，不僅讓我向內拍，而且也准許我拍走道兩旁數尊巨大的拉美西斯大帝立像；他還把那枝法老生命符杖道具塞到我手上，指導我擺個法老王姿勢，為我拍下難得的照片——持生命符杖的假法老。

小費大都是在接受服務之後給的，但有些時候事先給，反而可以獲得更好的效果。有一年我們到約旦考察，周末我們去參觀聞名的PETRA古蹟。約旦政府的保護措施嚴密，只能騎馬或騎驢進去PETRA。我們一行人僱了驢子及拉驢男孩。依據當地慣例，到了目的地，我們再給小費；其中一位團員怕驢子跑太快，就先給了小費；我們擔心他的拉驢男孩會因為小費到手，而隨便服務。結果我們都是太小人之心了，那位拉驢男孩一路小心照顧他，反而是我們一行得到最好服務的一位。

雖然給小費是沒有公定價的，不過經年累月，一些行業也有些慣例了，我根據自身經驗及參考相關資料，將這些小費行情大約是若干金額或比例，整理成表，提供給讀者參考；其中表1是最常用到的，到各國餐廳該給的小費；表2是在美國我們常遇到要給小費的服務業，以及給的金額或比例。但最重要的是，我們給小費是要發自內心，感謝別人為我們服務；而不是有被迫或不樂之捐的感覺，俗語云要「捨」才有「得」啊。

在台灣給小費似乎尚未蔚為風氣，前陣子觀光局構想訂立給小費的額度，結果當然吃力不討好；有些人贊成，更多人反對，反對者認為這是視個人的感覺而給，何況台灣的餐廳已加一成的服務費了。

我女兒和女婿回台灣，到花蓮旅遊時，依照他們自身的習慣，給了導遊小費。可能是全車絕無僅有的例子，我女兒說那導遊欣喜不已，一再感謝。真是東西文化兩樣情。

送禮送到心坎裡

二〇〇九年，當時英國布朗首相（Gordon Brown）到美國拜會歐巴馬總統，為了凸顯英美兩國傳統特殊情誼，他精心準備了一個木製裝飾筆盒（木材來自一艘維多利亞女王時代的反奴隸船船（HMS Gannet））和《丘吉爾傳》（一套七冊，馬丁吉爾伯特爵士（Sir Martin Gilbert）著），以及其他物品當作禮物。而歐巴馬總統的回贈禮物卻是二十五片標榜美國經典電影的DVD。英國報界批評，最強盛國家的總統竟然送這麼寒酸的禮物；報紙還羞辱說布朗首相到Blockbuster或Netflix就可租到這些片子了。英國人認為布朗首相未獲對等的禮物。這則國際性送禮的報導，讓我覺得不可思議。

事實上也有多家報紙冷嘲熱諷這個相互贈禮的趣事。其實英國人應該了解美國人是最不注重送禮的民族，除了聖誕節、婚禮及生日外，平時甚少送禮，所以較不會花心思準備禮物。第一次見面更沒有送禮的習慣，這與東方文化見面總會帶個伴手禮的習俗，可說是大相逕庭。

◎各國的送禮文化

美國人不流行送禮與國家法律規定有很大關係，例如，送禮給公職人員不得超過二十五美元的價值；商用送禮有時還會被課禮品稅，總的來說，美國一般公職人員似乎較清廉。但他們仍有貪腐情事，所謂道高一尺，魔高一丈，經常有報導某某議員或州長接受豪華招待，或以其他名義自肥荷包，或自家屋內獲免費裝璜的美侖美奐；當然這些「大禮」不出事則已，一曝光就得付出沉重代價。

各國外交界都有送禮的慣例，一來並非太貴的物品，二來又可藉機宣揚本國的形象或產品，而且用以建立友善往來的美好氣氛；廣結善緣，是外交人員的使命，只要是合法範圍內，送禮可以用來表達熱誠心意，並增進雙方的情誼。

我出任館長時，搬家的貨櫃裡總是準備了很多預購的禮物，我精心挑選能代表台灣的文創產品、藝術品或工藝品。這些禮物的確能讓我拜會的對象記得我或我所代表的台灣，也讓他們體會禮輕情意重的要義；如果所送的正是他們喜歡的物品，那麼我所盼的「睹物思人」的目的更是長長久久。

我最常送的是鶯歌的陶瓷，既有創意又精美，大量採購又能獲得好價錢；但是不能買相同的物品，以免被發現非獨一的珍品，所以在選擇時花了相當多時間。

◎送禮的時機

我記得有一年我去拜訪美國中西部的一位市長，他正在衝刺競選州長。拜會結東時，我想送他一份禮物，但又怕太唐突；所以我先鋪陳東方送禮的習俗，意謂朋友千里相會，我們的習俗會送個小禮物，祝福朋友健康快樂，心想事成。他聽了很高興，欣然接受了禮品，並當場打開，一隻青花瓶出現在他驚嘆聲中。他由衷讚美，但眼光有一絲猶豫神色；我立即補充說明，這是來自台灣一個專門燒製陶瓷的小鎮，物美但價不昂貴，不會踰越美國的規定。他聽後，感謝我的周到，即請身邊助理收下。後來他果真當選州長，我前去恭禧他。他引導我進了新的辦公室，那隻青花瓶赫然在沙發旁的桌上。他客氣地說感謝我送的禮物給他帶來好運。令我欣慰的是，那個鶯歌來的瓷瓶贏得許多出入州長辦公室的人欣賞與讚美。

當我調任聖文森服務時，又須有不同的思維；聖國朝野都心儀台灣的科技產品，尤其是輕薄短小的電子產品。這反而簡單易辨，我只要了解好友的嗜好，就可在美國買，因為反正是台灣的產品，既省運費還有英文說明書。

由於我是女性館長，通常我不會僅和男性閣員餐敘；我會邀夫婦，甚至全家一起赴宴。因此，我成了他們全家的朋友，送禮時也大家有份，有時只是小小筆記本給小朋友，但他們都記得這個曾送給他們禮品的女大使。我離開聖文森多年，我的名字與形象仍然留在當地的老少朋友心中。

直到我奉令到希臘服務，挑選禮品就不再是容易事了。希臘是歐盟一員，各形各色物品都有，許多知名的陶瓷器來自歐洲各地，因此我必須挑選特殊的物品，才能勝出。最後我挑選了法藍瓷的藝品，一些裝框的金箔工藝雕刻品，以及台灣形象藝品，的確發揮了不錯的效果。

有一次我為了談合作事項，去拜會一位希臘NGO主席。她是一位富婆，極有愛心，蓋醫院給貧童就醫。我去她的辦公室，就像到總統府般要經過嚴密的安全查核；人身、物品都要經過金屬探測器。之後，由女秘書引導我通過迂迴的公司，才得已進入這位主席的專屬辦公室。這一路走來，靠牆的矮櫃擺滿了世界各國拜訪者送的禮物；我瞄視一番，幸好沒見到我要送的禮品。

愉快的訪談後，臨別前，我將準備好的禮物送給她；她客氣的說也會把我的禮物放在矮櫃上。等到她打開盒子，取出我精選的那個紅底凸雕槿花茶壺，她的眼睛一亮，仔細欣賞這件藝品，然後鄭重的對我說，要把這禮物帶回家中擺放，她說太美了，她好喜歡。我知道這個禮已送到她的心坎裡。

我重視送禮的氣氛與時機，也要挑選讓人感懷的禮物，外加精美的包裝，尤其送給外國人士，他們都習慣當場拆禮物。這整個過程是要顯現我們的誠心、親切與盛情。

我擔任禮賓司司長時，常有同仁外調，離別前，除了大家小聚慶祝，我也總會花些時間去尋找適合送同仁的禮物。雖然是送給晚輩的禮物，我也不輕忽，因為這些同事都曾經和我一起打拼、同甘共苦。我的目標是既要有意義又不落俗套，當然預算也是考量之一。最後我在三峽老街找到一家琉璃、木雕藝品店；我與店主商量如何呈現立體浮雕與字裡行間的協調美觀，再加匾框，於是一件美麗的紀念品完成了。同仁很欣喜我在百忙之中，竟然還能花時間訂製專屬每個人的紀念框。有一位同仁告訴我說，他父親不僅喜歡，還堅持掛到他老家廳堂，這是讓我欣慰的一刻。

以上所述都是我自己送人的心得與經驗；我也收到許多令人驚豔的禮物。畢竟人同此心，心同此理。你喜歡的，大多數人也不會討厭的，只要用心，都能被體察出來的。

在我家中掛著一些具代表性的禮品，其中一幅是尼加拉瓜總統夫人送的畫，畫者是尼國的藝術家；畫中天使持杖，展著銀紗般透明的雙翼；其高雅亮潔的身體微傾，彷彿在傳達上帝旨意。這幅美麗的畫還包含第一夫人的感人友誼：她帶著這幅畫與奧德加總統飛到瓜地馬拉，參加瓜國新總統的就職典禮。她以為我會再度隨同總統申賀團前往瓜地馬拉，不巧我的職務調整，已不是禮賓司司長了，所以未前去；因此我們沒能在瓜國首都重相逢；她就將這幅畫交由一位同事轉給我。我去信答謝，心中滿溫情。

另外一件特別的禮物是，裝在三角木質框的一面美國國旗；每次開櫃看到這面旗，思緒就飄浮起十五年前的往事：我在處長任內結識一位密蘇里州眾議員，很快的我們成為好友。她送給我這個禮物，還附了一件證書說明這面旗曾於某日飄揚在眾議院的旗桿上。身為外交人員收到這個禮物，自然是興奮的。但是我並不知這位友人平日問政認真，壓力大而酗酒，酒後無法自控情緒，後來竟因此被媒體猛批，不久就辭職了。多年來，這位友人一直讓我懸念不已。

我在美國時收到最多的是感謝狀或紀念框；有一個特殊的紀念框是美國本土地形的牌匾，是林肯高中華文班送的，很有意義，代表我與這塊土地的深厚關係。當我要離開美國時，堪薩斯城的美國好友在他們家為我辦了惜別Party，還送了一幅眾人簽名，主人在中間題英文詩的紀念匾。這幅匾額掛在牆上，好友的祝福仍然在字裡行間。

我在聖文森時，也收到代表聖國的地形圖木刻禮物，他們自豪稱自己家園是「加勒比海之珠（The Jewel of the Caribbean）」，因此聖國友人要我永遠記得此點；確實這塊木質圖匾總能勾起千里外的思念與回憶。

我在希臘服務時，因轄區包括保加利亞，所以也有一些保國朋友。保國是以玫

聖文森群島圖形木匾

尼加拉瓜總統夫人贈送的天使油畫

希臘橄欖金葉冠

保加利亞玫瑰銅雕

瑰花聞名於世，所以我曾收到銅質玫瑰花雕刻藝品；保國也產高品質紅酒，因此保國友人也送我好酒。另外，我也曾收到一位希臘官員朋友送的牌匾，上面鑲了一枚銀質的亞歷山大帝頭像；我很喜歡這塊牌匾，讓我的外交生涯連上了古馬其頓偉大的帝王。我要調任回國時，希臘的僑胞在惜別餐會上送我一頂鑲金橄欖葉編的花環，嵌在玻璃盒裡，訴說雅典納女神以劍指地長出橄欖樹的神話。這些禮物不時提醒我在希臘生活的點點滴滴，以及想念遠在異地的友人。

二〇一一年底我調回台北不久，收到一個來自美國的包裹，是我的好友Twin寄來的，她還附上一塊木質卡片，背面寫著「歡迎回到家鄉」。卡片是二〇〇七年她來台旅遊，在台北故事館所買的。她的善體人意一直是我所欣賞的。

送禮物最要小心的是轉送禮物；我們收了很多禮物，有時會把多餘的送出去（這就是禮物未送到人家心坎的結果）。但千萬小心，一定要把整個包裝拆開仔細檢查，確認沒有不妥之後才能再送出。有一次我收到一位朋友親自交給我的禮物，是玻璃製品的橘子與柿子，取「吉事」之意。有一天我撞倒了底座，才發現底座下寫著某機關敬贈，我才恍然這原來是某機關送他的，他轉送給了我。

另外一件也非常離譜的禮物是，我在希臘時，某天快遞送來一盒希臘巧克力，我打開一看，裡面只剩下半盒巧克力；不知哪個環節出了問題。但無疑的，這樣的狀況不會讓接禮物的人欣喜。

送禮是一門學問，我們為了友誼、感激、紀念，或請求寬恕等等原因而送禮，最重要的是我們的心意，只要用心就能讓人有所感而歡欣。在地球村的今日，收送禮極為頻繁；送禮前記得要探問清楚各地的風俗民情或宗教禁忌，這些資訊在網路發達的時代極易取得，因此事前規劃，用心挑選禮物，以同理心來送禮，很容易就送到對方的心坎裡了。

使工作更圓滿的會議守則與方法

我的公職生涯剛好一半在國內服務，一半在國外工作。開會次數之多猶如家常便飯。我從小科員、小秘書的準備開會資料、製作參加人員名牌、安排席次、在會議中宣讀資料、到擔任紀錄等基本功做起。漸漸的被指派代表長官去參加會議，回來則撰寫會議報告；這段期間是我的學習期與觀察期，對於日後我的工作與業務非常有幫助。

我從參加會議當中，逐漸明白很多會是為了分攤風險與責任而開的；也有些是基層十分重要的會議，卻不受長官重視。我也觀察到好的主席能夠有效率的主持議事，不致拖泥帶水浪費大家的時間。其實我們每個人都有各種會議要開：小至家庭會議、宗族會議；大至辦公室會議、各部門協調會議、各機關專案會議、如果涉及外國，可能是雙邊會議、或多邊會議、甚至是高峰會。

開會是為了解決問題，讓我們工作更圓滿，積極而言期盼我們工作崗位更容易推動業務；消極而言能夠下情上達，減少機構內的怨懟氣氛。我在經貿事務司工作時，曾主辦台灣對外技術團的業務。有一年我隨同長官到沙烏地阿拉伯，探視技術團的團員；會議以座談會形式，這樣團員就都有表達的機會。剛開始，大家客氣地甚少發言，等到有人開了第一砲之後，就炮火隆隆，威力四射。我們都非常驚訝團員竟然有如此多的積怨。我偷瞄長官們，只見他們神色沉重，欲言又止，都強忍著不發作；也許他們認為團員離鄉背井在國外奮鬥，就讓他們痛快發言吧。

後來我的職務升遷，責任加重，我自己也經常召開會議擔任主席，從基本的館務會議、司務會議、到跨機關的協調會議；我經常向同仁表達，能自負責任的就無需找人開會；開了會就要能解決問題，因此資料要齊全，不要又再續開一次，而讓與會人員有空跑一趟的感覺。我也要求自己做好主席的任務，重視每個人的意見，但也不能離題；我總是表達時間的重要性，希望速戰速決，因為大家都還有公務要辦，冗長而無益的虛論並無助解決問題。

我在禮賓司司長任內，剛好有許多的國賓團與高峰會的時程，忙碌不堪，但是禮賓相關事項不能出任何差錯，否則立即顯現出來，即使有一百件做好，但是只要一件出錯，那就前功盡棄。為了非洲高峰會的接待，我們必須開許多次的籌備會；會議中，大家腦力激盪往往能有效解決大問題。由於非洲友邦元首來台開高峰會，各元首團人數眾多，我們的接待人力有限，大家都苦惱該如何在短期內增加人手，以便在各種行程節目中執行接待的勤務。我提議訓練目前在司內的工讀生，提升他們的能力，而不僅做些裝信封、打字的工作。同仁們開始熱烈討論各種可行性，於是我們有了創舉，在高峰會舉行的期間，這些經過密集訓練的大學工讀生，出乎意料的表現亮眼，讓大家刮目相看。所以用開會來確認各單位負責的項目，非常重要，出席的人員也需全神貫注參加會議，才能通力合作有好表現。

與我曾經共事的同仁，或曾參加我主持會議的朋友，都很認同我明快的主持風格。不過我的自信也曾失靈，那次我代理長官主持在外交部召開的會議，因為與聯合國婦女決議有關，所以各界婦女代表出席踴躍，把五樓的會議室擠滿了。參加的人多，意見也多，尤其很多婦女代表有尖銳的批評；我決定傾聽她們的意見；但這個決定卻讓會議流程失控了，那次會議整整開了五小時，中間我也不便離席去廁所，能讓我有此忍功的動力，就因必須「合乎禮」。事後，參加的婦女代表頗有受到重視的感覺，雖然這場會議並未解決棘手問題，但是至少我們表示肯誠意溝通的態度。

外派出國前，已開過許多大大小小會議，對開會的基本議事規則頗有自信，但到了美國之後，才發現自己不懂不懂會議的術語，也不熟悉會議的程序，只能壁上觀，呆若木雞。事後趕緊去買了一本西方人認為是會議寶典的《Robert's Rules of Order》

雙邊會議

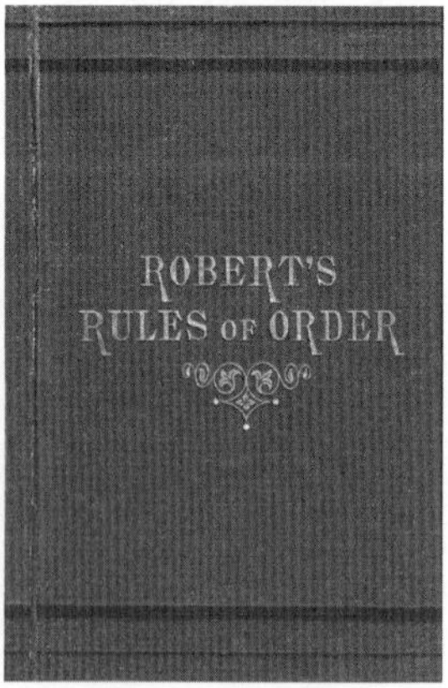

《Robert's Rules of Order》西方人認為是「會議寶典」

來惡補一番。

◎ 開會的基本術語

如今國際地球村往來頻繁，年輕人出國的次數多，目的也多元，而且科技發達，視訊會議、國際多方通話會議更是普遍，我們有必要了解歐美國家開會的基本術語，參加會議時才不致發慌。

首先要了解議程就是Agenda，這是一個拉丁字，意思是「要做之事」。通常主席（The president）先確定開會的法定人數（quorum），接著主席宣布開會（calls the meeting to order），並敲了一下議事槌（a rap of gavel）之後開始依議程開會。

基本的程序是主席請秘書（secretary，因選舉產生或被指定）誦讀前次會議紀錄（The minutes of the previous meeting），並詢問是否無異議通過。

如獲通過，主席會說：「The minutes are approved as read.」

如須修正，再通過後，主席則說：「The minutes are approved as corrected.」

接著各委員會報告，尤其是財務報告，如果沒問題，主席會說：「The treasurer's report is filed.」

之後討論上次已討論但未定案的議題（Unfinished business）或延至本次會議才討論的議題（General orders），此後才進入本次要討論的議題（New business）。議程結束後，若沒有其他新議題，就可散會（adjourn）。所有的議題都要經過討論及投票表決。

開會的禮儀：

1. 主席準時開會。
2. 參加者聽到宣佈開會後，立即回座並停止交談。
3. 需要上台報告者宜坐前面位置，以節省時間。
4. 開會的成員說話時稱呼主席為Mr. President, 或Madame President；稱呼其他人或討論者一律以第三人稱，而不指名道姓；例如稱「前一位說話者」（the previous speaker），以避免辯論時口出惡言，彼此攻擊。
5. 要等主席認可之後，才能發言，不能私下咕噥說話。
6. 激辯時不互相對罵，所有言辭都對著主席。這說明了我們在BBC看到英國國會辯論時，議員們左一句Mr. Speaker, 右一句Mr. Speaker，可是發言內容都是衝著首相或官員的。
7. 就事論事，不論及他人隱私或動機；對於說話者離題，主席也不得指名道姓，而說請只就本案說明（Will the speaker keep his（or her）remarks to the issue at hand?）或議論離題（The motion is out of order）。

要注意的是，提案的英文是用move，例如：「我提議」是「I move that…」；而議案則是motion，例如「討論議案」則是「discuss the motion」；附議的英文是second，例如西方會議要散會，都要有人提議、有人附議、並經表決通過；例如，有人經主席同意發言而提議說：「I move that the meeting adjourn.」，之後須有人舉手附議說：「Second.」，然後主席立即表決，並說這麼一段標準版的散會結語：「有人提議散會並經附議，贊成的說「是」，反對的說「不」。議案通過，散會。」並再敲一下敲議事槌。（It is moved and seconded that the meeting adjourn. All those in favor say "Aye." Those opposed say "No." The ayes have it, and the meeting is adjourned.）

如果會議包括開幕儀式（Opening ceremonies）的誓詞（a pledge to the flag）、祝禱詞（a prayer）、祈願（invocation）等，則通常在主席宣布會議開始後立即進行。但若包括專題演講或娛興節目，則在新議題結束後進行。

西方會議有一項很親切感人的時段，那就是在散會前，與會人員紛紛發表感言，有些是建議改進事項，但更多的是感謝與讚美主辦單位對於此次會議的妥善安排。我記得那次非洲高峰會後，各友邦元首讚美我們這些辛苦的工作人員時，同仁們辛勞疲憊的眼神為之一亮，而我心驚膽跳、多日失眠的壓力也為之解除。原來讚美也是我們學習開會所需要的。

我回台灣後，發現一個現象讓我很訝異，就是在台灣似乎很流行戴口罩；我去一些公司開會時，常會遇見戴著口罩的員工。曾有一家公司的總經理知道我是禮賓司長，特別請問過我這個問題，如果感冒了，在對外的正式會議中，究竟該不該戴口罩？不戴怕傳染給他人，戴了又怕不禮貌？

這涉及兩層面，一是保護自己，一是保護別人。在禮儀上戴口罩是不合乎禮的，歐美只有在醫院才戴口罩。在西方如果生病會傳染別人是不宜出面的，但是在東方，似乎主管不出面就不夠隆重，因此禮儀方面就應相對調整；可先問醫師如果已經過了傳染高峰期，就可以不戴口罩了。如果仍不確定，只好戴上了，但是一定要向客人說明並表達歉意。

懸旗之禮

國旗代表主權是國家主義興起之後才有的象徵。遠古時期，人類部落大都以虎、獅、豹、鷹等動物圖騰作旗。古埃及人、古希臘人、波斯人爭戰時各自高掛旗子以資區別，並激勵軍心。直到今日埃及國旗仍有一隻老鷹，它在古代是法老王的守護神，其勇猛敏銳仍深受埃及人敬崇。而希臘國旗上的白十字是東正教的象徵。早在西元四世紀古羅馬的君士坦丁大帝信奉耶穌基督後，古羅馬就有了代表基督教的十字旗。

在大使館外我國國旗居次（左位），地主國聖文森旗居尊位（右位）。

古代西方旗子是正方形，整面懸在十字鐵杆或木杆上。羅馬人看到古代阿拉伯人把旗子的一面懸掛在旗桿上，旗幟隨風飄蕩，更能振奮人心，於是模仿採用，一直到今天我們仍使用旗正飄飄的側邊懸掛法。

有了國旗，除了辨識功能，更成為宣洩愛國情緒的工具。在國際大型賽事，揮舞國旗加油吶喊已司空見慣；奧運健兒比賽，勝利選手注視頒獎台上冉冉上升的國旗而淚水直飆，是奧運常見景象。

國旗是主權象徵，因此不可以隨意懸掛或處置，各國都訂有相關處理辦法。我在典禮科工作時，其中一項職務是管理各國國旗；經常有民眾來借外國國旗。旗幟則因懸掛場合而有大小號碼的區別，從桌上小尺吋旗、汽車懸旗、室內、室外旗，我都必須問明白了，才能拿合適的旗子出借。摸旗子久了，我可以從旗子的重量猜中旗子號碼，整理旗子時頗能自娛；民眾借用時，我也一再叮嚀要好好保護，用後必須送乾洗才歸還。

國際禮儀講究尊重，懸旗自然有國際慣例與規定。一國之內，主權行使，懸掛本國國旗；然而也有例外，那就是各國的大使館。我在聖文森服務時，大使館內掛的是中華民國國旗；但是當我們在大使館外辦活動，則是以地主國國旗居首位，也就是右邊尊位（左右邊是以主席台位置面對群眾的方向而言）中華民國國旗則掛在左邊次位。

如果是大型的國際活動，那麼國旗掛法又不同了。**參加國是五國以內，則以地主國國旗居中間首位，再依右、左的順序懸掛其他國旗**；高階者的國家國旗掛右方，其餘再依國名的英文字母首字順序。如果參加者是同層級，或職位相當的，就依各國國名的英文字母首字順序而定左右。

但是**超過五國以上**，在花花綠綠的旗幟中，很難分辯中間首位的地主國旗幟，因此**採一列排行，第一面國旗是地主國旗幟，其後再依上述排序方式懸掛各國國旗**。

遇國家重大變故事件，政府宣佈各機關須降半旗致哀（Half Mast），是指國旗降至旗桿一半之意。

如今地球村有許多整合的區域，國旗的主權意識雖然依舊，卻必須象徵性的服膺尊重統合體的旗幟。例如，歐盟整合使得歐洲國家除了掛本國國旗外，還得懸掛歐盟旗，是懸旗有史以來的創新。姑且不論目前整合成敗是否符合當初的意旨，本國國旗與歐盟旗並懸，至少做到了表象主權服膺統合體的精神。

要注意的是，**各國國旗的旗桿高度必須相等齊高**，才合乎禮。

「降旗歸國」是所有外交人員的最大夢魘。無奈自從台灣於一九七一年退出聯合國後，斷交就像兵敗山倒，四處頻傳；降旗也像瘟疫般，傳染世界五湖四海。我是在七〇年代末期進了外交部，耳聞前輩們因斷交降旗，而奔波他館，有的剛到任就因斷交收到調館命令；有的家當還在海上運送尚不及安置；那是一段悲慟不堪回首的歷史。

猶記得一九七八年十二月三十一日在美國首府華盛頓，正是朔風冷冽，寒氣逼人的時刻，有「非洲先生」雅號的楊西崑次長率領駐美大使館人員，在著名的雙橡園舉行最後一次的降旗典禮。美國宣布中止與我們外交關係，大家神情悽愴悲憤，楊次長引用麥克阿瑟將軍（Douglas MacArthur）的名言「We shall return.（我們會再回來）。」

同樣令人難過的是，中華民國國旗不再出現於聯合國的世界國旗圖鑑，以致有些我們友邦的人民搞不清楚中華民國國旗的模樣，而在使用時常出現張冠李戴的錯誤畫面。在兩岸仍然冷戰的時候，邦交爭奪戰從未止歇；於是升旗、降旗就隨著邦交國跳槽似的選邊而升升降降。只因國旗代表著主權，象徵國家統治，才惹來那麼多的塵埃。

在美國經常看到民眾在節慶時家家戶戶掛國旗，相較今日的台灣，只有政府機關會掛國旗，一般民眾已無此習慣。我剛外調美國時，開車下了高速公路，遠遠的就看到好大的一面美國旗迎風招展；我心想美國人也真愛國，等經過那懸旗地點，才發現是汽車經銷處。這可是醒目又高明的廣告招數，既能引發美國人的愛國情愫，又兼為自己公司招來顧客。但要注意，各縣市旗或其他旗幟則不可與國旗同桿懸掛，也不可等高懸掛。我在台北街頭偶爾看到旅館旗幟與國旗或其他國家的旗幟齊頭掛，這是不正確的。

降半旗致哀：國旗降至旗桿一半。

第8章

文化社交相互尊重，才能享受觀賞之樂

靜態的社交活動，如聽音樂、看歌劇為了怡情養性，遵守廳院的規範，才能享受觀賞的樂趣。動態的社交活動，如許多的運動比賽，展現運動精神與禮儀比勝負更重要。出外旅遊是現代人很重要的休閒娛樂，參觀博物館、美術館或古蹟遺址時，不破壞文物、遵守館方規定都是基本的禮儀。

你做對了嗎？

現在聽音樂、看歌劇已經是普遍的生活娛樂，穿著休閒服就去劇院？

○現在上劇院雖不再講究一定要穿禮服，但也絕不可以穿球鞋、短褲、圓領衫、牛仔褲，仍以Smart Casual為主。

在劇院裡、文化展覽中心或開會時，只將手機調成震動模式，既不會吵到別人也不會漏接訊息？

○節目或會議進行中，應該都要關機，震動雖然沒聲音，但是手機螢幕的光束還是會影響別人。

當個知禮的觀眾

人類的文化發展，音樂舞蹈始終是重要的一環。數千年前古埃及的神殿上，石壁雕刻著各種樂器參與迎神賽會，職業盲樂師撥弄弦琴，舞者聞聲起舞，一旁的人們則手舞足蹈歡天喜地的景象。古時候音樂附著於宗教，但隨著時代演進，音樂已是人們日常生活中不可或缺的一部分。

今日有太多型態的音樂表演，室內或室外的演出，觀眾的情緒隨音樂而渲洩。但不同音樂的表演，觀眾相對有不同的反應；例如古典樂曲與流行重金屬音樂，觀眾的情緒南轅北轍。一般而言，室外的表演所要求的禮儀較少。但室內的，尤其是音樂廳或表演廳，我們進場聆聽音樂或觀賞戲劇，應了解與遵守相關的禮儀。

西方人欣賞音樂時，尤其是聆聽古典音樂，對觀眾素質的要求很高。如果現場不使用麥克風，而是樂器原音直接傳達者，對觀眾更是高標準的要求。觀眾不僅不可在位子上扭來扭去，伸腿直腰，以免椅子發出聲響惱人；還要忍耐暫緩咳嗽出聲，以免擾人；更不能交頭接耳評論或分享表演心得；整場演出幾乎要完全靜音，以求絲毫不影響別人聚精會神的聽賞。

有些音樂家無法忍受台下進出座位的人，甚至會停下來等到觀眾完全靜下來後才表演。這些禮儀其實是二十世紀的規矩，因為十九世紀時尚未有此要求。在莫扎特的時代，他期待人們是快樂的吃、喝、聊天，愉悅地欣賞他的音樂；而且觀眾在他演奏當中給予掌聲，他甚至是高興的。

◉鼓掌的時機

音樂會時，鼓掌是有學問的，胡亂鼓掌可是會令人尷尬；音樂會中，偶見有些人以為一首曲子終了，演奏已結束，急於鼓掌；等到樂音又起，才知拍錯了手。指揮無動於衷，偶現無奈表情，繼續指揮，直到該曲終了。其實最保險的拍手時機是等到指揮放下指揮棒，轉身答謝，或獨奏者結束表演，眼神面對大家時，再鼓掌。

西方的戲劇表演較純音樂會能接受觀眾的鼓掌叫聲，即使背景音樂仍持續中，劇院裡「Bravo（好極了）」之聲此起彼落。鼓掌叫好是最普遍的表達方式，但在英國或美國也有以吹口哨代替鼓掌叫好。不過在義大利，吹口哨可是喝倒采之意；所以到各國旅遊，要留意不同文化的表達方式。

希臘也有特殊表達欣賞的方式。我有一對塞浦勒斯籍的夫婦朋友，先生很喜歡聽傳統的希臘音樂（Bouzoukia），我偶爾會和他們一起去聽Bouzoukia。希、塞兩國都講希臘語，只是塞國的腔調略重，雖然我學過希臘語，卻聽不懂塞國人的希臘話。台上樂師彈奏各種希臘弦琴樂器，歌者和音而唱，三、五觀眾上台大秀希臘舞步；台下的觀眾暢飲吃東西聊天，好不熱鬧。劇場內還有小販遊走各桌之間，賣著小花兒。我的朋友通常買一大把，再分給大家，只要是我們喜歡的歌手、樂師，就朝他們來個天女散花；興致一來，彼此互撒花兒，開心相互捉弄對方，弄得大家頭上白花花一片。

在希臘，在歌手的腳下灑花，是表達欣賞之意。

台上的歌者喜歡觀眾丟來的花兒，表示自己受到欣賞喜愛，花愈多顯示歌手的人氣愈旺。我的朋友告訴我，早年劇場內觀眾是丟盤子的，嘩啦嘩啦砸盤聲，伴著白花花碎瓷片散落滿地。希臘有數千年的古文明，砸碎盤子象徵驅逐鬼魂，有點類似我們摔破盤子時講的歲歲（碎碎）平安。但也有人認為砸盤子是富而不仁的傲慢行為，誇示富有，以驕顯其貧窮鄉民。希臘各小島為吸引觀光客，遂以砸盤子的花招攬客；後來因為觀光客常喝得酩酊大醉，互砸盤子，傷鬥不止。於是希臘政府嚴禁表演場內砸盤子。劇場經營者腦筋動的快，改以溫和的「天女散花」代替，地上依舊是白花花的一片，但既不會砸傷人，又有花香撲鼻，更重要的是鈔票進帳。無論如何，表演的盡情，撒花的盡興，皆大歡喜。

◎合宜的打扮

聽音樂、看歌劇以往是富人的權利，至今歐美上層社會仍流行飽食昂貴晚餐之後，附庸風雅的主人會再安排聽音樂或看歌劇的節目，所以紳士貴婦須正式穿著赴宴。如今大多數人以上班方便考量，除非被邀為首演的貴賓，仍須穿著正式禮服，否則一般人較不那麼講究穿著了；但仍以Smart Casual（優雅休閒）打扮，絕不可穿球鞋、短褲、圓領杉、牛仔褲。

我到巴黎旅遊時，曾到歌廳戲院，親身體驗臨場氣氛。一進到歌劇院裡，彷彿置身於十九世紀精雕細琢的藝術殿堂，滿是金碧輝煌的雕樑畫棟，以及美不勝收的壁畫，處處令人讚嘆不已；這棟建築已是一件大型藝術創作。我注意到當地人仍盛裝與會，我們觀光客就沒那麼光鮮亮麗了。

◎觀賞的好環境

歐洲女士在盛典時仍喜歡戴帽子，雖然女士的帽子是衣服一部分，入室內無需脫帽。但入劇院，宜戴小型帽；如果後面觀眾表達帽子遮住視野，就應立即取下。

赴音樂廳及歌劇院宜早入場，經過別人位子，要禮貌地說對不起、謝謝。同時身子要儘量靠著前排座位進出，並注意手中物品、皮包等不要碰觸別人；尤其女士的手提包經常有掛飾、配件很容易鉤到人，更加要小心。坐在走道旁者，不宜因有人進出，而面露不快。如果稍微移腳就能讓人經過，則無需站起來；如果估量對方可能無法通過，就應起身讓道。如果不欲經常起身，就不要買走道座位。

一般最好在節目開始前三十分鐘進場，以便去化妝室、找位子、讀節目單，好整以暇等待開場；因為節目開始後，一直要到節目中場休息（Intermission），才能再走動。如果來遲了，就要在外等候到節目告一小段落，再行入場。此外，有些觀眾會在表演節目開始時，移到前面空著的位子；這是很令人困擾的舉止，**劃了座位，就不應再隨意移動了**。

節目進行時，大家都**應關手機**，但是有人還是會送簡訊或分享心得；雖然沒聲音，但是手機螢幕的光束在黑暗中格外刺眼，亦應避免，才不會擾人。

有些觀眾會隨著音樂哼哼唧唧，除非是台上表演者要求觀眾附和，否則不宜出聲，以免影響別人。

我在教授禮儀課時，曾有同學提問，到劇院可否噴香水或古龍水？我建議最好是淡抹，且不宜有過濃的味道；因為現在很多人有過敏的情形，聞到香水可能因刺激而噴嚏連連。

有些人心急散場人潮多，擔憂停車場擁塞，或搭不上公車，於是在節目尚未結束或主角尚未閉幕謝場時就離開了，這也是不合西方人禮儀的。

帶孩子入場的家長，則要留意音樂或戲劇是否適合孩子欣賞，免得太沉悶孩子沒興趣，若是幼兒更可能坐不住而吵鬧不休；這些狀況不但會影響在場演出者和其他觀眾，連自己的好興致也會被破壞了。

聽音樂、看歌劇是怡情養性的活動，但該有的禮，仍不可廢。這些禮儀約束彼此行為，大家遵守了，才能享受觀賞之樂。

運動是社交，不是爭勝負

西方人視運動既有健身的功用也有社交的目的，認為人們在輕鬆的情況下，本性較易顯露出來，如果未來要共事或合夥，要儘可能先了解對方的性格，希望看到較真實的一面；因此大部分的運動都含有或多或少的社交功能，運動禮儀也成了社交禮儀中很重要的一部分。

◎不要只顧著自己打球

當年我的職前訓練就有一項就是學習打高爾夫球。在七〇年代，國內的高爾夫球場寥寥無幾，高爾夫球在國內也非普遍的運動，但是國外很流行這項運動。我們在受訓時開始練習，就定位在社交預習，而不是純健身的運動。後來我看到一篇報導，才知道那是先總統蔣中正先生的囑咐，要為外交人員開此課程。就此點而言，他可算是有先見之明。

高爾夫球絕對是社交球，美國人更認為高爾夫球有「破冰（icebreaker）」或「促進成交（dealmaker）」的功能。因為打一場十八洞的高爾夫球至少須四或五小時，同伴相處時間長，或走路或共乘高爾夫球車，談事情、談生意比在辦公室談的時間還久。當年台灣的外交處境特殊，很多無邦交的政要總是不願花時間和我們多交談；可是如果他們愛打高爾夫球的話，情況就好些，通常他們聽到好的高爾夫球場大都會欣然受邀。

不過我們要清楚和政要打球，重心在他們身上。外交老前輩錢復先生就曾指導我們：別只顧著自己打球，要注意對方的動靜；當對方打球到東邊時，雖然不是很好的落點，我們也要跟著打到東邊，才能創造多在一起講話的時間。否則各奔西、東，哪能共進退多談事情呢？所以最好練就扎實的基本功夫，才能打到這種「隨心所欲，不逾矩」的地步。

對於商界朋友而言，打球更是招待高級客戶的好方法，如果公司裡有職員會打球，老板指派上場的話，那真是榮幸之至；否則在大公司內，何時才有機會和老板及大客戶近距離相處呢？但是可千萬別大意，如果不懂禮儀，還被識破原本不佳的習性，那麼非但不能因此大獲賞識，還很可能失寵，就得不償失了。如果身在美國，最好再複習一下美國職業高爾夫球協會（PGA，Professional Golf Association）的上場規章及禮儀。

上場的穿著要得體，絕不可以穿無領衫打球。職員和老板、客戶打球也要注意，千萬別逞強把他們給比下去。美國老布希總統就曾表示，他下台後才發現原來他的球友們球技都比他好。謹記**上場打球是社交，而不是奧運爭勝**的時刻，秉持謙和態度，讓自己的球總跟著老板、客戶之後，亦步亦趨，人家馬上知道遇見高手了；自己未來的機運也就不言可喻了。

打球者或觀賽者總喜歡賭一番，打高爾夫球的人也都喜愛以賭注刺激。不過與老板、客戶打球，除非是他們的提議，否則不應要求，這是禮也是保護自己，否則被解讀賭性堅強，後果難料。

很多人會也藉打球觀察人性，我初到美國上任時，當地僑胞知道我會打高球，因此常會邀約我，我就看到許多平常不易觀察到的行為。例如，有位教授平日能言善道，但打球時，都會以球桿頭微動一下球的位置，打球者都知道這是犯規的，但他依然故我，以為別人不知情；事實上大家都看到了，只是不好意思說破罷了。

◉場上場下都是贏家

做為運動員，雖然比賽方式不同，但基本禮儀有共通處；準時到場是最基本的禮儀；再者，合宜的穿著是顯現對此項運動的重視。比賽時兩軍相對，先握手致意，再憑實力戰勝對方。其間更不能以言語或態度挑釁對方。比賽結束後，敗的一方要展現風度，主動去和勝的一方握手道賀。當別人鼓掌祝賀勝利的一方時，勝方要展現謙虛，可別跟著鼓掌。勝方雖然內心欣喜若狂，但要顧及失意的對手仍在場，應等回到自己營內再狂歡，展示**運動精神與禮儀要比勝負結果更重要**。

打高爾夫球禮儀

- 當球員準備擊球或正在擊球時，任何人不得走動、大聲談話，並保持適當距離。
- 擊球前確認前方安全，以避免發生意外。
- 在球道擊球所挖起的草皮應隨手拾回，並補沙。
- 球打進沙坑後，從最接近沙坑的地方入內，並在擊完球後，將沙坑內所遺留的痕跡扒平，以維持沙坑的平整。而沙坑耙應與沙坑水平放置，以利後組的人使用。
- 果嶺的禮儀：球自高空落下果嶺後，所留下的球痕立即修補，以免影響球滾動的平順性及方向，應以分叉修補的方式，將球痕挑平。球員在果嶺上推桿時，不應站在對方球友推桿線的正前方或正後方，也不要任意走動。身影不能在對方球員的推桿路線上，及遮蔽球洞口。不可在果嶺上拖行，並注意行進間應將腳步抬高，以免造成草皮刮痕，影響他人推桿。在果嶺上應避免踏越對方球員的球及進球路線。

二〇一二年二月，全球都在迷美國職業籃球NBA的林書豪（Linsanity, 林來瘋），他是NBA歷史上少數的美籍亞裔球員，也是第一個台灣裔美國人籃球員。他的經歷就像麻雀變鳳凰般，由一個經常被球隊釋出的球員，最後落腳在紐約尼克隊，在球隊危急情況下被派出場比賽，令人意想不到地帶領尼克隊連贏七場比賽，引起全世界的注意，此後成為先發球員。他成名後，依然顯露誠摯有禮的特質，讓全世界人看到球場上力拼的東方人，球場外溫文爾雅的一面，深值我們學習。

其他的球類，比如網球，也具有社交功能，但主要是建立與球伴的友誼；通常在下場休息喝飲料的時間，或打球之後的餐敘，才較有聊天的機會，打網球是自始至終須全神貫注的運動。受邀打網球，要先確認自己了解網球球規及場地規矩，尤其到私人俱樂部打球，更要遵守他們的規定。打網球也要注意合宜的穿著，以及注意打球禮儀。

打網球禮儀

- 打球前檢查球網的高度，避免掛網的球（Net balls）有爭執。
- 不要跨過別人正在打球的場地去撿球。
- 網球場內要保持低音談話。對於球友擊出好球時低音叫好，而不是大聲呼喊。
- 尊重裁判的判決。

跑步、騎自行車等也都是能建立友誼或加強社交的運動。我在希臘時，很多希臘人組各式各樣的路跑馬拉松。晚間練跑者都會穿上螢光顯示的背心或外套，以保護自身安全。跑者與一般車行反方向，才能注意車況，保持警戒。

騎自行車者應穿有顯示螢光的衣帽，車子也要有螢光反映的裝置，以強化安全措施。**自行車騎士則應與路旁汽車同方向，而且要尊重路人**。騎士要超越前面的自行車時，要從左邊通過且要知會一聲「On your left（注意左邊）」。

我在國外時，經常被問到，「貴國的主要運動是什麼？」我總會答棒球、籃球，因為這兩樣是較普遍且全民關注的運動。歐洲國家風靡足球與籃球；美國則除了這兩者之外，棒球也受到大多數人的喜愛。尤其每逢重大比賽，球迷購票進場加油，或在啤酒屋、俱樂部、咖啡館等觀賞大型電視牆的轉播；更多的人則是在家中盯著電視看比賽；觀眾和運動員同樣緊張。

對於買票進場的觀眾，就需更注意禮儀了。在美國，如果開賽前有演奏國歌，一定要起立，並脫帽致敬，美國人也習慣將右手置胸前行扶手禮。身上的手機要改為震動模式，且應尊重他人，賽事進行中不要講電話擾人。也要注意不可有脫序的行為，比如，自己鍾愛的球員或球隊失利，爆粗口或亂擲東西到球場、或惡口批評友隊，也不應叫囂其種族膚色，或幸災樂禍的謾罵。

如果是到現場觀看高爾夫球或網球，選手發球時，觀眾更必須保持靜默以免影響球員。尊重別人同時也造就自己能愉快觀賞的環境，利人利己。

◉健身房的規矩

現代人工作忙碌，最簡單的運動健身就是去健身房；因此這種運動，比較不屬於社交性質；但健身房屬於公領域，也要留意禮儀。最主要的是尊重別人，使每人都能享受健身之樂。記得去健身房要帶兩條毛巾，一條擦汗，另一條擦拭使用過的運動器材，也可用健身房專用的擦拭紙來清除器材上的汗漬，使人人都可用到乾淨清潔的運動器材。

到健身房要穿舒適的運動衣、鞋，不可穿拖鞋；在國外，我很少看到外國人穿著拖鞋到處跑，但在台灣卻隨處可見，所以出國時要注意各國的習慣。在健身房時，和正在運動的人聊天，要適可而止，因為別人可能想儘快的運動。如果健身教練正在教導別人，最好別去打擾。太小的孩子也不宜帶到健身房，以免亂跑或亂動器材，而發生危險。使用三溫暖設施時，不宜佔太大位置，要留些空間給別人。從溫烤室及蒸浴室出來，都要先沖洗一下汗水，再到泳池中。這些看似簡單的作為，卻能展現我們是懂禮的人。

無論是自己健身、運動員比賽、或是場上的觀眾，無論所處運動場所是室內或室外，或從事不同運動性質的健身，其目的都在於健康、娛樂或社交。因此我們應體認運動精神與禮儀高於競賽結果，做到「發乎情、止乎禮」。

文化旅遊的禮儀

古諺「行萬里路，勝讀萬卷書」，自古至今無數的遊記、詩詞、畫作、宗教經典，多來自親身旅遊的經歷心得。近代更因交通發達使得天涯若比鄰；原本崇山峻嶺的阻隔或重洋大海的間離，以往需數月才能到達，現在則指日甚或數時可到，於是久遠年代的古蹟遺址再度吸引了蜂湧而來的觀光客，這些景點遊人如織，除了歸功於交通工具的方便搭載，更重要的是出於人們的好奇心與求知欲的趨使。

我的公務生涯一半是在國外度過，但除了在居住地較有時間做深度旅遊，其餘心儀的遠地方，因公務忙，無法放鬆心情去觀光。我退休前最後的駐地是希臘，所以參觀了許多古希臘遺址，同時又有希臘人的解說，得以感受希臘古文明的光榮偉大，否則那些斷壁殘垣，還真不易令人產生思古的幽情。

◎古蹟遺址

雅典衛城（Acropolis）受到希臘政府保護，為了彰顯其雄偉壯觀，周圍數公里的建築均不得高過衛城，歷來政府也都嚴格遵守，所以我們只要進入雅典城，穿梭街道間，衛城建築如影隨形，總在視線內。當然要欣賞衛城之美，體會古希臘人的崇敬之心，還是要親登衛城，因此它成為觀光客來雅典的必看景點。

古蹟雅典衛城

參觀古蹟遺址最好事先做功課，了解要參觀的遺跡的大要故事，才能理解當年人類何以要如此辛苦建造這些；除此之外，遊歷前還得鍛鍊好體力。我去過許多古文明遺跡，沒有一處不需走長路，有的更要爬山坡。衣鞋穿著要合宜舒適，否則身體不體或腳痛都會影響欣賞的情緒。

有時候對古蹟遺址的想像與實際會產生很大的落差。例如，我和兒子去土耳其，他挑選了來回需十二小時的特洛伊巡禮；雖然我的友人遊後感是不值期待；但是我們都被旅館裡的土耳其旅行指南所吸引，所有的小冊都印著特洛伊的一匹大木馬。因此，想一探「木馬屠城記」的感性還是戰勝了友人勸告的理性，我們還是參加了當地往特洛伊的旅遊行程。

經歷六小時車程後，木馬（Trojan Horse）果真就在公園裡迎接我們，但這是一匹現代的假木馬；其後的遺址參觀就是聽導遊描述歷史與考古。我才明白我的朋友所勸說的意思，真的就只是如此這般而已。直到後來我再研讀相關書籍，才知特洛伊是很重要的古蹟遺址，印證大詩人荷馬在《伊里亞得》及《奧德賽》兩篇史詩中所描述的背景並非子虛烏有。

另一個想像與實際落差的實例則是埃及之遊。我由居住地希臘到埃及很近，飛機越過地中海兩個多小時就到達埃及首都開羅。我第一次去時，太過匆忙，沒做什麼功課，但被古埃及文明給震攝住了。在希臘看的大多數是傾頹石柱或碑牌，在埃及卻是五千年的神殿、陵墓、巨碩雕像，金字塔更是至今碩果僅存的古代七大神奇（Seven Ancient Wonders）之一。我站在這些遠古就存在的人類建築前，思緒澎湃致啞然無語。這些是活的教科書，訴說五千年的古埃及文明。我立即買書閱讀，離開埃及後，古埃及影像仍常出現腦際，於是我買更多的書籍，古埃及成了我的業餘研究，真是始料未及。

第二次去埃及，我可是有備而來，除了要求旅行社安排我的自訂行程，訪帝王谷時還要求資深導遊。此次參訪感觸更多，也強化我對古埃及的研究興趣。

參觀戶外的古蹟遺址受到的限制較少，但不表示沒有應守的禮儀；尤其有告示牌或有繩索圈護，註明勿入或勿近，都要遵守規定，尤其不可破壞古蹟。日前，有位來自中國的學生竟然在樂克索（Luxor）的神殿牆上刻名，引起人神共憤，網友很快就搜尋到這家人，父母親道歉賠不是，小孩似乎不置可否。真令人嘆息，如果他早懂禮儀，也就不致鑄成大錯，令父母難堪。

參觀古蹟遺址所看的建築體或建築群是真蹟，其上的雕像可能是真本尊，例如，埃及的石雕像實在太多了，就任其在室外風吹雨打。但在希臘的室外建築體，有些雕像是拷貝的。例如，衛城帕德儂神殿（Parthenon）的石雕像、山形牆浮雕、石柱雕像等真蹟都被請入衛城博物館裡；所以只看遺址是不夠的，還必須去參觀博物館才能一窺全貌。

希臘政府蓋衛城博物館時，還懷著不切實際的期待。博物館裡有一整層樓是存放帕德儂神殿（Parthenon）的石雕像，只見零零落落的山形牆浮雕呈現在長條板架上，許多空曠的板架上是畫的痕跡；原件就存在大英博物館。這是令人傷感卻又無奈的事件。原來十九世紀初，帕德儂神殿曾遭炸彈摧毀，英國駐土耳其大使竟然把山形牆上所剩無幾的精華石雕運出希臘國境，現在成為大英博物館的鎮館寶物。希臘人一直向英國追討這些寶貝，期待著英國能善意的「完璧歸趙」呢。

我既已研究古埃及文明，自然必須參訪存放古埃及文物的大博物館。這幾年先後參觀埃及博物館、大英博物館、巴黎羅浮宮、紐約大都會博物館、維也納博物館等的古埃及文物展區，除了埃及博物館不准照相之外，我完整的拍了這些館藏的古埃及文物，以便日後參考。

◎遵守博物館、美術館的規定

參觀博物館或美術館的規矩禮儀頗多，有些博物館或美術館是完全禁止拍照的；有些僅允許沒有閃光燈的照相。在埃及，只要是室內，除非有特別說明，否則一律禁止任何形式的照相。美術館裡的畫作通常也不能拍照，但羅浮宮的畫作卻允許沒有閃光燈的拍照；因此鎮館的蒙娜麗莎畫作前，總是擠滿了全世界慕名而來的粉絲。在不准許拍照的博物館或美術館內，偶爾會看到有人素描，但很多館規定素描只能用可擦拭的鉛筆，以防其他種類的筆色染到文物或畫作，而無法抹除，可就麻煩了。

在國外參觀博物館或美術館，很多是免費的，所以可先要了解是否須購票。比如，大英博物館是免費的，但入口處有捐獻箱，遊客可自由捐獻。巴黎羅浮宮、紐約大都會博物館和維也納博物館都是要購票的。若是怕排隊購票花時間，可先從網路購票，自行印出再持票入館，就可省下許多時間。通常在各館的網站上都會註明清楚，包括開放與關閉的日期與時間、票價、館裡文物畫作擺放區等，建議讀者都事先查明白。

這些博物館都很友善，有一次我去紐約大都會博物館時，因電池耗盡，無法照完我喜歡的埃及古文物；於是第二天再去，我向收票員出示前一天的門票，並表明尚未拍完照片；他沒等我說完，就讓我再進去。這是美國富有人情味的地方。

除了是否能拍照，進入博物館需要注意的事，還有不能攜帶食物飲料，背包、外套、大衣須寄放在指定地點；這除了方便參觀者輕鬆觀賞之外，更能保護古文物，以免參觀者不小心碰撞或刮傷那些無法裝框保護的物品。

現今的博物館或美術館大都有團體導覽以及耳機導覽；前者一定要緊跟導覽員，否則落後了，容易被其他人群沖散；耳機導覽是較彈性的聆賞方式，可以反覆聽講。有些耳機導覽租金是附在門票內，無需另外付費；有的是須額外租的。這些導覽多是以國際通用的英文為主，但這些年，中文的耳機導覽漸漸多了。

參觀博物館或美術館是不能碰觸文物的，但我常看到好奇的大人或小孩總會伸出手來，這時眼尖的看守員立刻會出聲制止。**參觀之禮是要與物品或畫作保持一臂的距離**，那些脆弱的古文物或畫作是經不起每個人碰觸的。有些更因人們在密室參觀，呼吸水氣黏著，而有毀損之虞。

我去埃及帝王谷參觀法老王陵墓，門票允准參觀三座陵墓，但我為了看圖坦卡門法老王的墓室，就需另外購票。我抱著誠敬及歉疚的心情入內，圖坦卡門法老就躺在墓室裡。雖然玻璃罩保護著木乃伊，但密不通風的地下陵墓，出現霉斑，這是經年累月參觀者呼氣所致。埃及政府一直在不穩定當中，等到注意這些重要小節時恐怕太遲了。我所不懂的是，當初圖坦卡門法老王的陵墓被挖掘時，他可是好好地被包裹在三間大中小夾層的金箔屋形木槨內，再藏身於金光閃閃的三層人形棺裡，而最裡面一層裝著他的木乃伊，是純金打造的人形棺。這些現今都放在有冷氣的埃及博物館內；獨獨他本尊的木乃伊卻放在悶熱的陵墓裡。

參觀展覽拉近我們與古人或創作者的距離，是書上看不到，資料上也無法提供的親身經歷；所以旅遊時，可別忘了去參觀這些文化瑰寶，外國人常說「Seeing is Believing.（眼見為憑）」，用於參觀博物館、美術館或古蹟遺址是最洽當不過了。偶然Google一下，發現我只去過世界十大博物館的五、六個而已，真是遊歷尚未完成，猶待積極努力。

策劃完美的活動與宴會

我們參與社交活動，大概以三種形式為主：單純參加、自己籌劃、以及協助辦理。最容易的是僅去參加，其次是協助辦理，比較費心思的是自行籌劃活動。我們日常生活既有私領域的社交，例如親朋好友的婚喪喜慶；也有職場上的業務活動，如公司會議、社團例會或年會、專業研討會、銷售觀摩會、晚會活動等。這當中涉及與人應對進退的接觸，自然少不了禮儀的規範。我們參加活動要準時到達，穿合宜的服裝，如果邀請函有明定的穿著（dress code）更應遵守。

不過各地民情風俗不一，我在聖文森及希臘服務時，準時的觀念有如天方夜譚，我自律為外交人員的身分，每次準時赴會，每次苦等。聖文森的總督在國外受教育比較有守時觀念，每次我們早到總是苦候總理大人。總督告訴我，有一次他到了現場，主辦單位竟然遲到，於是他就走人了。我嘆了一口氣，真希望我有這勇氣與能耐。

我在聖文森的第一年，台灣的部長來訪，聖文森總督在總督府設宴招待，請帖上註明著Black Tie（男士的小晚禮服，黑緞領上裝及黑領結為特色）。我趕緊通知國內長官要準備的衣著。當天晚上佳賓雲集，男士們都穿小晚禮服風度翩翩；大家等著永遠忙碌的總理現身。一陣子之後，他在隨扈簇擁下進來了，卻讓所有人目瞪口呆，他依然穿著平日的西裝，代表勞工黨的紅領帶在其他賓客的黑領結襯托之下更形刺眼。總督睿智，不動聲色地招呼賓客入席，因為總理這種作為不是空前，也不會絕後，他們已經習慣了。

策劃活動一方面挑戰我們所具有的基本技能、協調的技巧與創新的能力，也考驗臨場應變的功夫。尤其如果是有國外人士、長輩或公司各級主管參加，那麼更要注意排序的問題。外交尤其講倫次（seniority），古今中外多少外交敗例就因為席不正而坐不安，終至憤然拂袖而去。如果主辦者不熟悉基本原則，忽略座次排列，賓主不歡，那可是大大失禮了。

通常友邦的外交部長以上職務的國賓，包括副元首、元首來訪，都由禮賓司籌辦接待事項。我在禮賓司多年，最深的感觸是禮賓工作即使做的好，不會有人知道；但是只要一出差池，錯誤立被發現，於是責難有之，懲罰隨之，不僅要承受所有指責的目光，還要趕緊彌補錯處，因此時常精神緊繃，直到任務完成為止。

◎合宜的座位桌次安排

我猶記得一九八〇年時，南非的波塔總理來訪，當時美國和台灣斷交不久，外交部一片低氣壓，南非總理此刻來台訪問，其重要性不言可喻。為了歡迎這位重量級外賓，禮賓司辦了許多場大活動，從機場的軍禮儀式迎送、與行政院長會談、以及在陽明山中山樓的準國宴，陪同外賓訪問等。

讓我記憶猶新的是那場準國宴，檯面上賓主盡歡；檯面下人人提心吊膽，因為要安排上百人同在一起的座次，而許多賓客臨時告假，那個變體的E字形座位圖（E字形裡有多條腿），如果一個人缺席，下一位就須補上，影響其後的整個排序，真是牽一髮而動全局。

交際科的同仁在辦公室排這個圖已花了很多時間，但是參加的名單一再變動，直到交通車要開往陽明山了，仍然還在低頭安排座次。我那晚的任務是負責唱我方來賓的姓名；並在晚宴前，來賓列隊與主人與主賓握手致意。我穿著傳統拘謹的旗袍，豎起的旗袍領子讓我呼吸不順暢，緊束的腰身又讓我幾乎動彈不得。但是看到交際科同仁在顛簸的山路上、昏暗的車廂裡猶緊張地排座次卡，我無法置身度外，於是也加入奮戰的行列。到達中山樓時，我已是頭暈目眩，強忍下車，吸一大口山風才好些。但我們還是無法在晚宴預定時間前，完成所有準備工作，只好在長官鐵青的臉色中延遲了筵席。唉！往事不堪回首。

這個變形的E字形座位圖，是所有座次圖中最難排的，因為所有人皆要納入，是中、大型會議或晚宴裡唯一能讓每個人都看得到貴賓；而貴賓也能一覽全局的座次圖。但是如果人員一直變動，就會大費周章了。

懂得安排座次是重要活動裡不可或缺的知識；未學過座位排序者，確實難以了解其中的可變與不能變之處。會議與飯局的座位排序稍有不同。飯局排序在前面的魔法席次已詳加討論。以下就會議或相關活動的座位排序詳述之。場地與桌形是最先須要確定的安排，通常有長方形（或橢圓形）、正方形、圓形或馬蹄形、E字形、變體E字形等。

排序的步驟：

1. **確定桌形與參加的人員**：是長方形、橢圓形、方形、圓形、馬蹄形、E字形，還是變形E字形桌；此外還要考慮是內部會議、對外會議、國與國的雙邊會議或多國會議。

2. **無論何種桌形，都先確定主席座位**：會議排序與餐宴排序一樣，須引用「尊右原則」。須注意的是所謂「右邊」，是以主席台為坐標而定右邊，而非觀眾席的右邊。

3. 一般而言，**長形桌或橢圓形的排序，多用於內部會議**（圖8-1）**與雙邊會議**（圖8-2）。

4. **正方形桌或圓形的排序，可用於內部會議與多邊（多國）會議**。（圖8-3、8-4、8-5）

5. **馬蹄形、E字形、變形E字形：多用於人數眾多的集會**。這類桌形有長

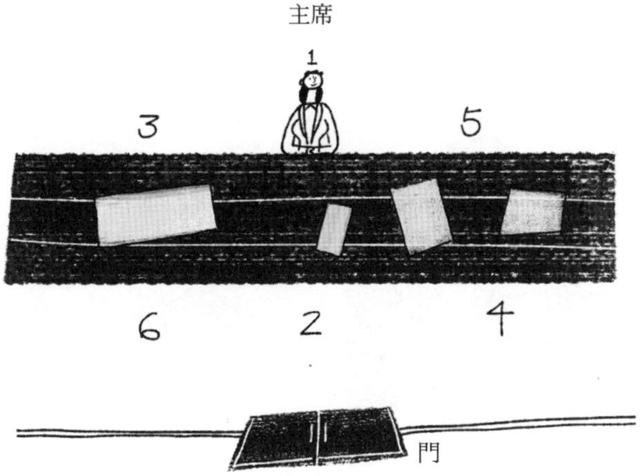

圖8-1 長形桌（或橢圓形）內部會議的排序

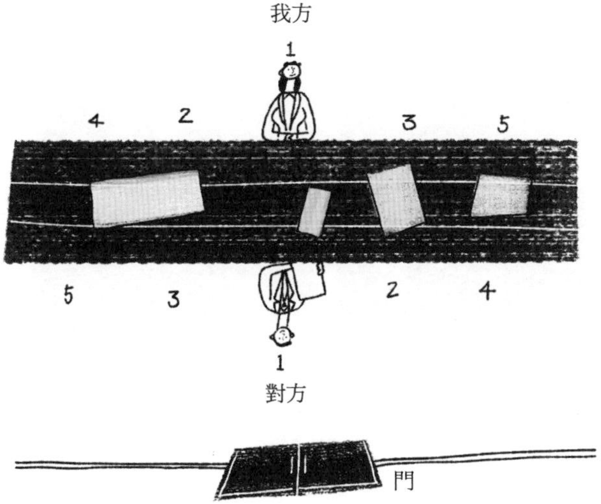

圖8-2 長桌型的雙邊會議

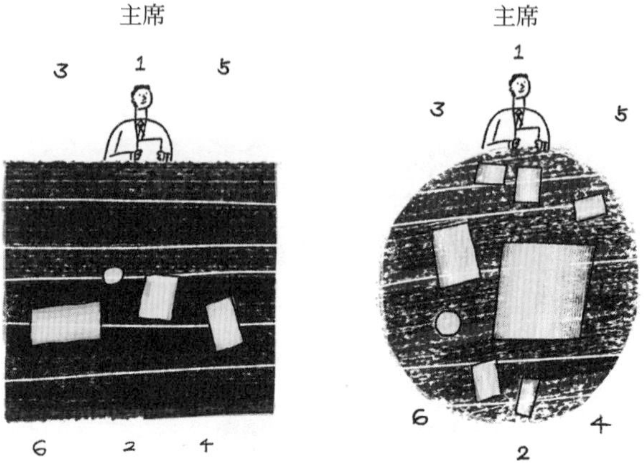

圖8-3 多邊(國)會議排序

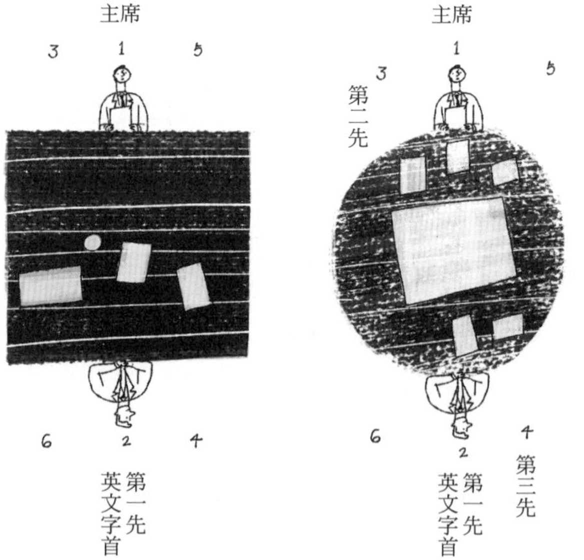

圖8-4 多邊(國)會議排序

形的頭檯桌（Head Table），馬蹄則在頭枱兩端延伸兩長桌（俗稱兩條腿）（圖8-6、8-7）；E字形則多一條長桌在馬蹄形中央（圖8-8）、變形E字形則是多了數條長桌在馬蹄形中央。（圖8-9）

◎創新的活動內容

籌劃活動，禮儀重要，但活動內容也應精心安排，兩者不可偏廢。策劃活動是檢驗創

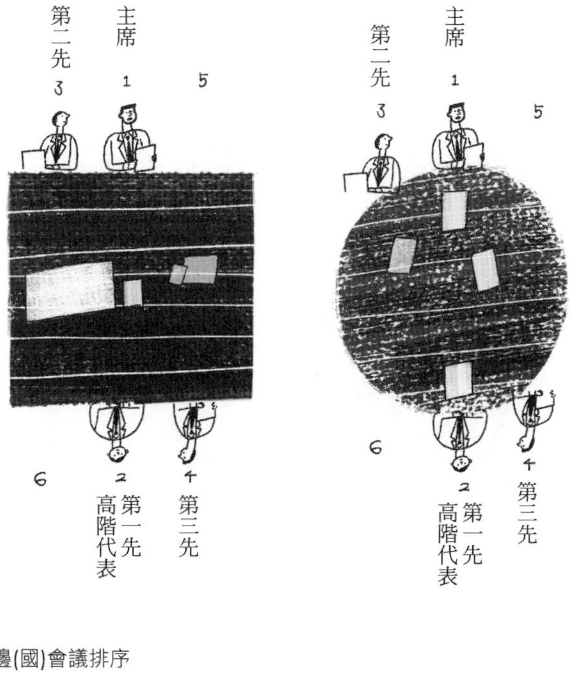

圖8-5 多邊(國)會議排序

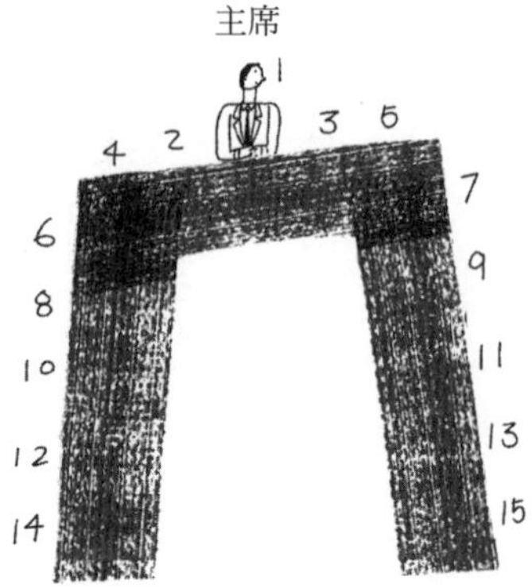

圖8-6 馬蹄形桌

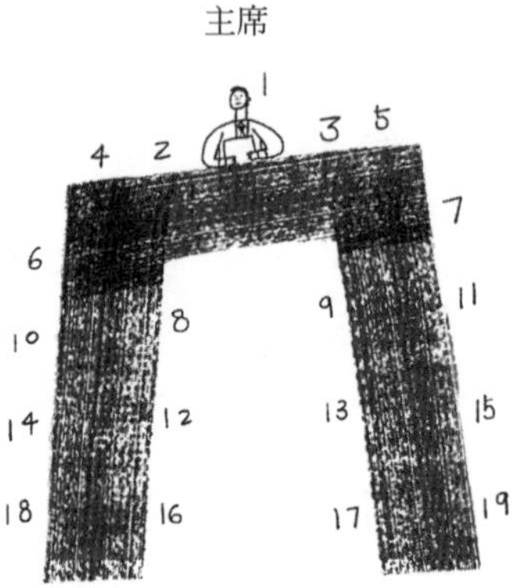

圖8-7 馬蹄形桌

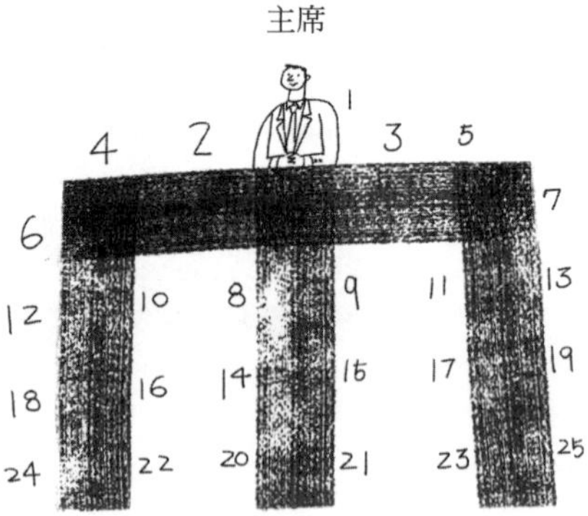

圖8-8 E字形桌

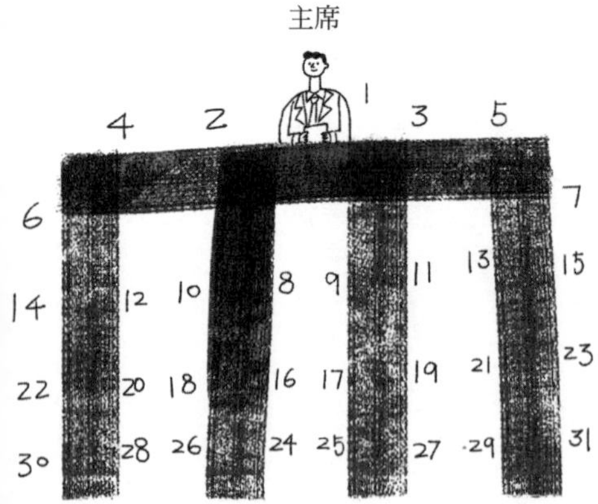

圖8-9 變體E字形桌

新的能力，雖然辛苦，但這是自我成長及貢獻公司的良方。我總是鼓勵同仁，機會是降臨於不斷精進的人們身上，固步自封只有等待被淘汰的命運。我在外交職場的生涯裡，辦理過無數次各類活動，即使相同性質的活動，我總要換方式、改內容；因為我希望每次來參加的貴賓們，都能感受到新意，每次都期待歡欣，而非陳年舊甕，了無新意。

回顧我勇往直前，以創新為職志的外交生涯，要歸功於李義弘老師。我年輕時師事水墨畫大師李義弘先生多年，了悟畫山水構思意境極為重要，好山好水提供的是素材，要內化成自己所思的境界，否則只畫形像不如攝影更為逼真。我一開始就自行構畫我要的意境，李老師多所鼓勵，而未要求「臨摹」的傳統學法，因而我不自知地一步步踏上喜好創新事務的志趣。在公務生涯，我喜歡從事不落窠臼的活動，而不欲延用那些虛應一事的舊制。此外，我擔任主管的環境比較單純，較有利於試驗我的創新作法。雖然我改革的不大，效果卻能有目共睹，因而也強化了我的膽識，這一切就從我被派任駐堪薩斯處長的第一個活動——國慶酒會開始。

我剛抵達堪薩斯時，美國友人、僑胞及同仁都抱怨，我們辦的國慶酒會太吵了；美國人說他們在臺上講話，臺下的人也自己在聊天或吃東西，美國人感覺不被尊重；僑胞說現場鬧哄哄，很像菜市場；同仁更是沮喪，因為籌劃了許久，卻敗在場面失控。這對於第一次擔任館長的我而言是很大的挑戰，我責無旁貸必須解決。我先去了解原因，才知道這是惡性循環：酒會時，參加者站著無聊，彼此就聊天說笑；食物點心就在身旁，也就隨意吃起來，眾人的說話聲及杯盤聲當然蓋過台上貴賓的講話聲；台下觀眾愈聊愈大聲，臺上貴賓愈講愈無耐，沒多久，就是一片菜市場的景象，整個酒會自然走了調。

我認清問題所在，苦思應變與改革。我首先請飯店排多個小圓桌，並在大廳兩旁放置椅子，讓賓客可以自行拉到桌邊坐著；這樣就不違反酒會不排座位的原意。接著再請飯店在活動前，將食物加上蓋子，等我們通知再開蓋；讓賓客食用；這樣就可免去台上有貴賓講話，台下的人都在吃東西的場景。然後我加了一些節目，一方面讓美國友人感受我們的文化，另一方面讓參加酒會的人有節目可看，而不只是吃喝而已。雖然只是幾個文化節目，但在堪城所在的美國中西部算是盛事了。

一切依計劃執行，當晚我的美籍秘書Janet告訴我說，當她招呼最後一批客人進場時，不同以往的，會場走道竟寂靜無聲。她不能置信，推門入大廳一看，她自己都嚇了一跳：賓客靜靜的或站或坐圍著一個個小圓桌，台上貴賓面帶笑容演講祝福。貴賓結束演講後，飯店人員開蓋供食；此時我們的文化表演也開場了，賓客取了食物後，很快地回到原來的小圓桌觀賞節目，一切井然有序。事後，美國友人、僑胞都向我表達，那是他們歷來參加過最美好的一次國慶酒會。同仁們也都欣喜，總算辛苦沒有白費了。

◎群力合作

我外交生涯遇到最大的活動是在聖文森服務之時，聖國一直是台灣忠實的友邦，以往是派代辦的方式；直到二〇〇三年首次派常駐大使，而我也忝為首任駐聖文森大使；台灣元首第一次來訪也是在我任內。

聖文森政府對於台灣元首到訪非常興奮，也非常謹慎地安排了最高規格的接待；當天不但將唯一的機場封閉半天，在飛機跑道安排迎賓陣仗，又在機場外面搭建迎賓舞台。看到聖國政府這麼慎重迎接貴賓，我心中其實忐忑不安，因我們的訪問團到訪前已參訪遊歷多國，抵達聖國時必然已經兵疲馬困，倦累不堪。我一方面和聖國說明實情，一方面暗示他們節目須精心策畫，才能讓訪團吸睛而難忘。於是聖國政府組了一個迎賓委員會，也把我納入，每隔一段時間就聚會討論。我也找了文化部長——一位富有行動力的壯碩女士，她應允全力協助。他們雖是地小人少的國家，但承襲殖民母國——英國的典章制度，對於會議或活動的規劃很有一套呢。

我們各自負責一半的表演節目，事實上我們要做的可不少，從租飛機、租車、租旅館、踏勘行程，到每一訪問單位的出入禮儀，都要設想好，規劃愈細密，出狀況的機會愈低，所以我們每天都在模擬演練，深深體會養兵千日，用在一時的古訓。事隔多年，我仍記得幾件有趣的事件。首先令我們頭疼是車隊問題，因為聖國沒有大的租車公司，所以我們要找好幾家車行，而司機素質不一，我們的同仁必須先給予勤務觀念；舉凡禮貌、衣著、言行都要再教育一番。

聖文森的傳統迎賓舞（聖文森記者姜康特Kenton X. Chance 攝）

我也找來聖國唯一的奏樂團——聖文森警察樂團，負責迎賓的演奏。我向指揮的警官表示，訪問團抵達時會很困累了，希望奏樂團能振奮人心，讓他們有返家的溫馨感。他頗表贊同，於是我再進一步詢問，可否演奏他們聽得懂的歌曲？他也同意了。我才拿出備妥的一首「快樂的出航」歌譜給他，並以我的破嗓音勉強哼了一次。他不愧是高手，立即表示沒問題。果然當天訪問團下飛機後，總督陪同總統檢閱警察儀隊時，就奏了這首「快樂的出航」；來訪的團員們無不驚訝極了。後來只要總統出現的場合，他們都一直演奏這首歌。

我們負責的節目中，我希望聖文森的小朋友能擔綱演出，於是我請了一位會吹長笛的女志工訓練小朋友們唱台灣民謠「望春風」。我將歌詞改以簡單的英文字音填詞，讓小朋友們會念，雖然意思不通，但他們只要背音，不用理會英文的詞意。當天表演時，小朋友天籟般的聲音，唱出清脆的歌聲且舞動著小小翹臀，揮動小旗子，不知擄獲多少訪問團團員的芳心。媒體記者簇擁麥克風及攝影機，興奮的收音轉播，國內同胞也同時收看這感人的一幕。聽到團員們讚嘆的驚呼，我強忍眼角的淚珠。那是我人生當中看過最有趣感人的「望春風」歌舞，再一次證明了只要有創意、創新就能撼動人心。

籌劃活動一定要群力合作，每人負責不同的事情，如果人人都有創新的作法，再經過群體討論過濾，必能篩選出好的項目。而當中的細節、「眉眉角角」更要心思縝密，所謂魔鬼就藏在細節裡，不可馬虎大意。

雖然我已遠離外交圈，但生命中與異國友人交織的過往仍點滴在心頭。凡走過必留痕跡，我們每次辦活動一定全心全力以赴，為自己負責，也為參加者謀福，而真正受益成長的是自己，我們怎能輕忽呢？

聖文森小朋友演唱台灣民謠望春風（聖文森記者姜康特Kenton X. Chance 攝）

後記
做個受人敬重的地球村公民

從二〇一三年的五月起，筆者以蝸牛的速度，每星期撰寫一篇稿子。雖然速度慢但是內容橫跨筆者三十多年的外交職場，與世界各大洲有關禮儀的經歷。筆者這種孵蛋的精神乃寄望這是一本很特別的禮儀書，既有參考價值，也有職場見聞錄。

筆者離開外交官生涯，因緣際會受聘至一間大學教授禮儀；這才發覺國際禮儀書大都是理論性質，缺乏經驗的傳承與實際情況的見證。畢竟禮儀並非理論課程，而是應用於生活的態度。大家都認為禮儀十分重要，但是家庭未教或不重視，學校義務教育又大都著墨於學識的教導，禮儀變成「難知難學」的科目。

對筆者而言，禮儀與工作密不可分，然而對大多數人而言，卻覺得似乎不知從何學起。筆者深深期盼經由本書中的故事，讓讀者了悟禮儀並非「難知難學」，只是「難知易行」。禮儀如同其他的技能，只要有所了解，實踐之初或許生疏，但一回生，兩回熟，只要躬自力行，一步一腳印，就能化生澀為熟稔。如果光說不練或僅知不行，猶如熟悉游泳知識，卻不下水實證，淪為空談。將這些禮儀概念內化為我們日常生活中的態度，才能熟練與運用，並逐漸地成為我們良好習慣的一部分，如此，無論在職場或社交，將更有自信，更受重視。

「地球村」的概念是現代的語彙，「世界」是更早的說法。佛家經典裡，早就有「世界」這名詞：「世」代表過去世、現在世、未來世，時間之謂也；「界」是上、下、四方的總稱，空間之謂也。禮儀一向存在古今中外的教化裡，因為「禮」「理」相通，不合禮之事，人必有異議，認為其不合理，亂了綱常法紀，引發不和諧的亂象，社會也因此不安，無人樂見。

今日我們處在多變的地球村，有形的國界已被便捷的交通，和無遠弗屆的網路世界所打破，禮儀是我們自處及與人相處的護身符。無論國內外，我們行、住、坐、臥，乃至吃、穿、言語，甚至與外國人相處，縱有相異處，其態度與精神仍是普世價值。例如，歐美國家到處是教堂，回教國度清真室林立，而我們台灣大街小巷的寺廟也不遑多讓；但我們要抱持相同敬謹的誠心去參觀，同時更要遵守相關的儀禮。比如，進教堂要脫帽，到清真寺要脫鞋，有些東正教修道院要求穿著規定的服裝才允進，有些清真寺不准非回教徒入內。這些是特殊規矩，但我們必須尊重。

筆者的駐外經驗裡，台灣給外國人的形象大致美好，但也有一些脫序行為上了國際媒體的版面，時常令人羞赧。這些行為以歐美社會標準就是失乎禮，會給下一代不當的示範。禮的基本就是相互尊重，才能進退有據，也才能獲得人們的敬重與歡迎。

讓我們就從相互尊重做起，才是真正愛護台灣的形象。

禮貌,你做對了嗎? / 朱玉鳳著. -- 初版. -- 臺北市 : 商周出版
: 家庭傳媒城邦分公司發行, 2014.07
面； 公分. -- (View Point ; 76)
ISBN 978-986-272-626-6(平裝)

1.社交禮儀 2.人際關係

192.3 103013655

View Point 76

禮貌，你做對了嗎？

禮賓司長教你最正規的國際禮儀八堂課

作　　者／朱玉鳳
企劃選書／黃靖卉
責任編輯／彭子宸
版　　權／翁靜如
行銷業務／張媖茜、黃崇華
總 編 輯／黃靖卉
總 經 理／彭之琬
發 行 人／何飛鵬
法律顧問／元禾法律事務所王子文律師
出　　版／商周出版
台北市104民生東路二段141號9樓
電話：(02) 25007008　傳真：(02)25007759
E-mail：bwp.service@cite.com.tw
發　　行／英屬蓋曼群島商家庭傳媒股份有限公司城邦分公司
台北市中山區民生東路二段141號2樓
書虫客服服務專線：02-25007718；25007719
服務時間：週一至週五上午09:30-12:00；下午13:30-17:00
24小時傳真專線：02-25001990；25001991
劃撥帳號：19863813；戶名：書虫股份有限公司
讀者服務信箱：service@readingclub.com.tw
城邦讀書花園：www.cite.com.tw
香港發行所／城邦（香港）出版集團
香港灣仔駱克道 193 號東超商業中心 1F　E-mail : hkcite@biznetvigator.com
電話：(852) 25086231　傳真：(852) 25789337
馬新發行所／城邦（馬新）出版集團【Cite (M) Sdn Bhd】
41, Jalan Radin Anum, Bandar Baru Sri Petaling,
57000 Kuala Lumpur, Malaysia.
電話：(603) 90578822　傳真：(603) 90576622
Email: cite@cite.com.my

封面設計／張燕儀
排　　版／陳健美
印　　刷／韋懋實業有限公司
經 銷 商／聯合發行股份有限公司
地址：新北市231新店區寶橋路235巷6弄6號2樓
電話：(02)2917-8022 傳真：(02)2911-0053

■2014年7月29日初版
■2018年6月13日初版5刷

ISBN 978-986-272-626-6　Printed in Taiwan

定價300元　

商周出版

廣　告　回
北區郵政管理登記
台北廣字第000791
郵資已付，免貼郵

104台北市民生東路二段141號2樓

英屬蓋曼群島商家庭傳媒股份有限公司　城邦分公司

請沿虛線對摺，謝謝！

商周出版

書號：BU3076	**書名：**禮貌，你做對了嗎？	**編碼：**

請於此處用膠水黏貼

商周出版

讀者回函卡

感謝您購買我們出版的書籍！請費心填寫此回函卡，我們將不定期寄上城邦集團最新的出版訊息。

不定期好禮相贈！
立即加入：商周出版
Facebook 粉絲團

姓名：＿＿＿＿＿＿＿＿＿＿＿＿＿＿＿＿ 性別：☐男 ☐女

生日：西元＿＿＿＿＿＿年＿＿＿＿＿＿月＿＿＿＿＿＿日

地址：＿＿＿＿＿＿＿＿＿＿＿＿＿＿＿＿＿＿＿＿

聯絡電話：＿＿＿＿＿＿＿＿＿＿ 傳真：＿＿＿＿＿＿＿＿＿＿

E-mail ：

學歷：☐ 1. 小學 ☐ 2. 國中 ☐ 3. 高中 ☐ 4. 大學 ☐ 5. 研究所以上

職業：☐ 1. 學生 ☐ 2. 軍公教 ☐ 3. 服務 ☐ 4. 金融 ☐ 5. 製造 ☐ 6. 資訊

☐ 7. 傳播 ☐ 8. 自由業 ☐ 9. 農漁牧 ☐ 10. 家管 ☐ 11. 退休

☐ 12. 其他＿＿＿＿＿＿＿＿＿＿＿＿＿＿＿＿＿＿＿＿

您從何種方式得知本書消息？

☐ 1. 書店 ☐ 2. 網路 ☐ 3. 報紙 ☐ 4. 雜誌 ☐ 5. 廣播 ☐ 6. 電視

☐ 7. 親友推薦 ☐ 8. 其他＿＿＿＿＿＿＿＿＿＿＿＿＿＿＿＿

您通常以何種方式購書？

☐ 1. 書店 ☐ 2. 網路 ☐ 3. 傳真訂購 ☐ 4. 郵局劃撥 ☐ 5. 其他＿＿＿＿

您喜歡閱讀那些類別的書籍？

☐ 1. 財經商業 ☐ 2. 自然科學 ☐ 3. 歷史 ☐ 4. 法律 ☐ 5. 文學

☐ 6. 休閒旅遊 ☐ 7. 小說 ☐ 8. 人物傳記 ☐ 9. 生活、勵志 ☐ 10. 其他

對我們的建議：＿＿＿＿＿＿＿＿＿＿＿＿＿＿＿＿＿＿＿＿

＿＿＿＿＿＿＿＿＿＿＿＿＿＿＿＿＿＿＿＿

＿＿＿＿＿＿＿＿＿＿＿＿＿＿＿＿＿＿＿＿

請於此處用膠水黏貼